Es ist Ue

für Dich

Ein ungewöhnliches
erfreuliches Fest -
mit vielen neuen
Erkenntnissen...
Du bist noch nicht
am Ende Es
gibt noch vieles
Neues....
Lass dich überraschen
was dir im neuen
Jahr begegnet
Vieles bedarf
Geduld..

Reinhard

Die Schneekönigin

Weihnachten mit Hans Christian Andersen

Hans Christian Andersen
Aquarell von Anne Grahame Johnstone

Die Schneekönigin

Weihnachten mit Hans Christian Andersen

aufbau
AUFBAU VERLAGSGRUPPE

Herausgegeben
von Antje Erdmann-Degenhardt

ISBN 978-3-351-02978-4

Aufbau ist eine Marke
der Aufbau Verlagsgruppe GmbH

2. Auflage 2007

Die Erstauflage des vorliegenden Bandes
erschien unter dem Titel
»Weihnachten mit Hans Christian Andersen«
2003 im Aufbau-Verlag.
Der Abdruck des Aquarells auf Seite 2
erfolgt mit freundlicher Genehmigung von Interfoto
Einbandgestaltung Susanne Heeder, Hamburg
unter Verwendung eines Gemäldes von Gustave Dore,
© Bridgeman/Giraudon
Druck und Binden Ebner & Spiegel, Ulm
Printed in Germany

www.aufbau-verlag.de

Inhalt

Aarets Born

December fra sit Vinter-Skjul
Tilraaber os: »Kom med, leg Juul!«

Des Jahres Kinder

Dezember aus seinem Winter-Quartier,
der ruft uns zu: »Macht das Christfest mit mir!«

Zu jedem Weihnachtsfest ein Märchenheft

Ich habe nach und nach all die Anerkennung und die Gunst erlangt, die ich vielleicht verdiente, ja, vielleicht mehr, als ich verdiente.

Unbedingt sind es meine »Märchen«, welche in Dänemark von allem, was ich geschrieben habe, am meisten geschätzt werden. [...]

Nur ein paar Monate nachdem »Der Improvisator« 1835 herausgekommen war, folgte das erste Heft »Märchen«, das man gerade nicht mit günstigen Augen ansah, ja, man beklagte, wie gesagt, sogar, daß ein Schriftsteller, der kürzlich einen Schritt zum Bessern mit dem »Improvisator« gemacht hatte, so bald zurücksinke und mit etwas so Kindlichem, wie diese Märchen, hervortrete. [...] Mehrere meiner Freunde, auf deren Urteil ich Gewicht legte, rieten mir gänzlich ab, noch mehrere Märchen zu schreiben. Man sagte allgemein, daß ich hierzu kein Talent habe, und daß es für unsere Zeit gar nicht passend sei, meinte ein anderer. [...]

Der Stoff dieser Märchen drängte indessen so lebhaft auf mich ein, daß ich sie zu schreiben nicht unterlassen konnte. Ich hatte in den zuerst beschriebenen Heften, wie Musäus, die alten Märchen, die ich als Kind gehört hatte, in meiner Weise wiedergegeben. Um also diese auf einen Standpunkt zu stellen, nannte ich sie »Märchen, erzählt für Kinder«, ungeachtet es meine Ansicht war, daß sie sowohl für Kinder als auch für Ältere geeignet sein sollten. [...]

Ein Jahr später kam ein neues kleines Heft heraus und bald ein drittes, in welchem das größte der bisher erfundenen Märchen, »Die kleine Meerjungfrau«, enthalten war. Durch dieses Märchen besonders wurde die Aufmerksamkeit erweckt, und diese nahm mit den folgenden Heften zu, von denen gewöhnlich eins zur Weihnachtszeit erschien, und bald gehörte ein solches zum Weihnachten, denn auf dem Weihnachtsbaum durften meine Märchen nicht fehlen.

Der Tannenbaum

Draußen im Walde stand ein niedlicher kleiner Tannenbaum. Er hatte einen guten Platz; Sonne konnte er bekommen, Luft war genug da, und ringsumher wuchsen viele größere Kameraden, sowohl Tannen als Fichten. Der kleine Tannenbaum wünschte aber so sehnlich, größer zu werden! Er achtete nicht der warmen Sonne und der frischen Luft, er kümmerte sich nicht um die Bauernkinder, die da umhergingen und plauderten, wenn sie herausgekommen waren, um Erdbeeren und Himbeeren zu sammeln. Oft kamen sie mit einem ganzen Topf voll oder hatten Erdbeeren auf einen Strohhalm gereiht; dann setzten sie sich neben den kleinen Tannenbaum und sagten: »Nein! Wie niedlich klein ist der!« Das mochte der Baum gar nicht hören. [...]

»Oh, wäre ich doch so ein großer Baum wie die andern!« seufzte das kleine Bäumchen; »dann könnte ich meine Zweige so weit umher ausbreiten und mit der Krone in die weite Welt hinausblicken! Die Vögel würden dann Nester in meinen Zweigen bauen, und wenn der Wind wehte, könnte ich so vornehm nicken, gerade wie die andern dort!«

Er hatte gar keine Freude am Sonnenschein, an den Vögeln und an den roten Wolken, die morgens und abends über ihn hinsegelten.

War es dann Winter und der Schnee lag funkelnd weiß ringsumher, so kam häufig ein Hase angesprungen und setzte gerade über den kleinen Baum weg – oh, das war ihm so ärgerlich! – Aber zwei Winter vergingen, und im dritten war das Bäumchen so groß, daß der Hase um dasselbe herumlaufen mußte. Oh, wachsen, wachsen, groß und alt werden: das ist doch das einzig Schöne in dieser Welt, dachte der Baum. [...]

»Freue dich deiner Jugend!« sagten die Sonnenstrahlen; »freue dich deines frischen Wachstums, des jungen Lebens, das in dir ist!« Und der Wind küßte den Baum, und der Tau weinte Tränen über ihn; aber das verstand der Tannenbaum nicht.

Wenn es gegen die Weihnachtszeit ging, wurden ganz junge Bäume gefällt, Bäume, die oft nicht einmal so groß oder gleichen Alters mit diesem Tannenbaum waren, der weder Ruhe noch Rast hatte, sondern immer davonwollte. Diese jungen Bäume, und es waren gerade die allerschönsten, behielten immer alle ihre Zweige; sie wurden auf Wagen gelegt, und die Pferde zogen sie davon, aus dem Walde hinaus.

»Wohin sollen die?« fragte der Tannenbaum. »Sie sind nicht größer als ich, vielmehr war einer da, der war viel kleiner! Weshalb behalten sie alle Zweige? Wo fahren sie hin?«

»Das wissen wir! Das wissen wir!« zwitscherten die Sperlinge. »Unten in der Stadt haben wir in die Fenster gesehen! Wir wissen, wohin sie fahren! Oh, sie gelangen zur größten Pracht und Herrlichkeit, die man nur denken kann! Wir haben in die Fenster gesehen und haben wahrgenommen, daß sie mitten in der warmen Stube aufgepflanzt und mit den schönsten Sachen, vergoldeten Äpfeln, Honigkuchen, Spielzeug und vielen Hunderten von Lichtern geschmückt werden.«

»Und dann – ?« fragte der Tannenbaum und bebte in allen Zweigen. »Und dann? Was geschieht dann?«

»Ja, mehr haben wir nicht gesehen! Das war unvergleichlich.« –

»Ob ich wohl auch bestimmt bin, diesen strahlenden Weg zu betreten?« jubelte der Tannenbaum. »Das ist noch besser, als über das Meer zu ziehen! Wie leide ich an Sehnsucht! Wäre es doch Weihnachten! Nun bin ich groß und ausgewachsen wie die andern, die im vorigen Jahre weggeführt wurden! – Oh, wäre ich erst auf dem Wagen! Wäre ich doch in der warmen Stube mit aller Pracht und Herrlichkeit! Und dann –? Ja, dann kommt noch etwas Besseres, noch weit Schöneres, weshalb würden sie mich sonst schmücken! Es muß noch etwas Größeres, noch etwas Herrlicheres kommen – ! Aber was? Oh, ich leide! ich sehne mich! ich weiß selbst nicht, wie mir ist!«

»Freue dich unser!« sagten die Luft und das Sonnenlicht; »freue dich deiner frischen Jugend im Freien!«

Aber er freute sich durchaus nicht und wuchs und wuchs; Winter und Sommer stand er grün, dunkelgrün stand er da; die Leute, die ihn sahen, sagten: »Das ist ein schöner Baum!« Und zur Weihnachtszeit wurde er vor allen zuerst gefällt. Die Axt hieb tief durch das Mark; der Baum fiel mit einem Seufzer zu Boden; er fühlte einen Schmerz, eine Ohnmacht; er konnte gar nicht an irgendein Glück denken, er war betrübt, von der Heimat scheiden zu müssen, von dem Flecke, auf dem er emporgeschossen war; er wußte ja, daß er die lieben alten Kameraden, die kleinen Büsche und Blumen ringsumher, nie mehr sehen würde, ja vielleicht nicht einmal die Vögel. Die Abreise war durchaus nicht angenehm.

Der Baum kam erst wieder zu sich selbst, als er, im Hofe mit andern Bäumen abgepackt, einen Mann sagen hörte: »Dieser hier ist prächtig! Wir brauchen nur diesen!«

Nun kamen zwei Diener in vollem Putz und trugen den Tannenbaum in einen großen, schönen Saal. Ringsherum an den Wänden hingen Bilder, und neben dem großen Kachelofen standen große chinesische Vasen mit Löwen auf den Deckeln; da gab es Schaukelstühle, seidene Sofas, große Tische voller Bilderbücher und Spielzeug für hundert mal hundert Taler – wenigstens sagten das die Kinder. Und der Tannenbaum wurde in ein großes, mit Sand gefülltes Faß gestellt; aber niemand konnte sehen, daß es ein Faß war, denn es wurde rundherum mit grünem Zeug behängt und stand auf einem großen bunten Teppich. Oh, wie der Baum bebte! Was wird nun wohl vorgehen? Sowohl die Diener als die Fräulein schmückten ihn. An einen Zweig hängten sie kleine Netze, ausgeschnitten aus farbigem Papier; jedes Netz war mit Zuckerwerk gefüllt; vergoldete Äpfel und Walnüsse hingen herab, als wären sie festgewachsen, und über hundert rote, blaue und weiße Lichterchen wurden in den Zweigen festgesteckt. Puppen, die leibhaftig wie Menschen aussahen – der Baum hatte früher nie solche gesehen –, schwebten im Grünen, und hoch oben auf der Spitze wurde ein Stern von Flittergold befestigt; das war prächtig, ganz außerordentlich prächtig.

»Heut abend«, sagten alle, »heut abend wird es strahlen!«

»Oh!« dachte der Baum, »wäre es doch Abend! Würden nur die Lichter bald angezündet! Und was dann wohl geschieht? Ob da wohl Bäume aus dem Walde kommen, mich zu sehen? Ob die Sperlinge gegen die Fensterscheiben fliegen? Ob ich hier festwachse und Winter und Sommer geschmückt stehen werde?«

Ja, er riet nicht übel! Aber er hatte ordentlich Borkenschmerzen vor lauter Sehnsucht, und Borkenschmerzen sind für einen Baum ebenso schlimm wie Kopfschmerzen für uns andere.

Nun wurden die Lichter angezündet. Welcher Glanz! welche Pracht! Der Baum bebte dabei in allen Zweigen so, daß eins der Lichter das Grüne anbrannte; es sengte ordentlich.

»Gott bewahre uns!« schrien die Fräulein und löschten es hastig aus.

Nun durfte der Baum nicht einmal beben. Oh, das war ein Grauen! Ihm war so bange, etwas von seinem Schmuck zu verlieren; er war ganz betäubt von all dem Glanze. – Und nun gingen beide Flügeltüren auf – und eine Menge Kinder stürzten herein, als wollten sie den ganzen Baum umwerfen; die ältern Leute kamen bedächtig nach. Die Kleinen standen ganz stumm – aber nur einen Augenblick, dann jubelten sie wieder, daß es nur so schallte; sie tanzten um den Baum herum, und ein Geschenk nach dem andern wurde abgepflückt.

»Was machen sie?« dachte der Baum. »Was soll geschehen?« Und die Lichter brannten bis dicht an die Zweige herunter, und je nachdem sie niederbrannten, wurden sie ausgelöscht, und dann erhielten die Kinder die Erlaubnis, den Baum zu plündern. Oh, sie stürzten auf ihn ein, daß es in allen Zweigen knackte; wäre er nicht mit der Spitze und mit dem Goldsterne an der Decke befestigt gewesen, so wäre er umgestürzt.

Die Kinder tanzten mit ihrem prächtigen Spielzeug herum, niemand sah nach dem Baume, ausgenommen das alte Kindermädchen, welches kam und zwischen die Zweige blickte, aber nur um zu sehen, ob nicht noch eine Feige oder ein Apfel vergessen worden wäre.

»Eine Geschichte, eine Geschichte!« riefen die Kinder und zogen einen kleinen dicken Mann zu dem Baume hin; und er setzte sich gerade unter denselben, »denn da sind wir im Grünen«, sagte er, »und der Baum kann besondern Nutzen davon haben, zuzuhören! Aber ich erzähle nur eine Geschichte. Wollt Ihr die von Ivede-Avede oder die von Klumpe-Dumpe hören, der die Treppen herunterfiel und doch zu Ehren kam und die Prinzessin erhielt?«

»Ivede-Avede!« schrien einige, »Klumpe-Dumpe!« schrien andere; das war ein Rufen und Schreien!

Nur der Tannenbaum schwieg ganz stille und dachte: »Komme ich gar nicht mit, werde ich nichts dabei zu tun haben?« Er war ja mit gewesen, hatte ja geleistet, was er sollte.

Und der Mann erzählte von »Klumpe-Dumpe«, welcher die Treppen herunterfiel und doch zu Ehren kam und die Prinzessin erhielt. Und die Kinder klatschten in die Hände und riefen: »Erzähle! erzähle!« Sie wollten auch die Geschichte von Ivede-Avede hören, aber sie bekamen nur die von Klumpe-Dumpe. Der Tannenbaum stand ganz stumm und gedankenvoll; nie hatten die Vögel im Walde dergleichen erzählt. »Klumpe-Dumpe fiel die Treppen herunter und bekam doch die Prinzessin! Ja, ja, so geht es in der Welt zu!« dachte der Tannenbaum und glaubte, daß es wahr sei, weil es ein so netter Mann war, der es erzählte. »Ja, ja! wer kann es wissen! Vielleicht falle ich auch die Treppe herunter und bekomme eine Prinzessin.« Und er freute sich darauf, den nächsten Tag wieder mit Lichtern und Spielzeug, Gold und Früchten angeputzt zu werden.

»Morgen werde ich nicht zittern!« dachte er. »Ich will mich recht aller meiner Herrlichkeit freuen.

Morgen werde ich wieder die Geschichte von Klumpe-Dumpe und vielleicht auch die von Ivede-Avede hören.« Und der Baum stand die ganze Nacht still und gedankenvoll.

Am Morgen kamen die Diener und das Mädchen herein.

»Nun beginnt der Schmuck aufs neue!« dachte der Baum. Aber sie schleppten ihn zum Zimmer hinaus, die Treppe hinan, auf den Boden, und hier, in einem dunkeln Winkel, wo kein Tageslicht hinschien, stellten sie ihn hin.

Weihnachten auf einem dänischen Gutshof

Es war einmal ein alter Herrenhof mit jungen, prächtigen Herrschaften. Sie hatten Geld und Glück, wollten sich vergnügen und Gutes tun. Alle Menschen wollten sie froh machen, wie sie selber es waren.

Am Weihnachtsabend stand ein herrlich geschmückter Tannenbaum in dem alten Rittersaale, wo das Feuer in den Kaminen brannte und Tannenzweige um die alten Bilder gehängt waren.

Schon zuvor gab es Weihnachtsfreude in der Gesindestube. Auch hier stand ein großer Tannenbaum mit brennenden roten und weißen Lichtern, kleinen Danebrogsfahnen, ausgeschnittenen Schwänen und Fischnetzen aus buntem Papier, mit Zuckerwerk gefüllt. Die armen Kinder des Kirchspiels waren geladen; jedes hatte seine Mutter mitgebracht; die sah nicht viel zum Baum hinüber, sie sah zum Weihnachtstisch, wo Wollenes und Linnenes, Kleiderstoff und Hosenstoff lagen. Ja, dahin sahen die Mütter und die erwachsenen Kinder, nur die ganz kleinen streckten ihre Hände nach den Lichtern, dem Flittergold und den Fahnen aus.

Die ganze Versammlung kam früh am Nachmittag, bekam Weihnachtsgrütze und Gänsebraten mit Rotkohl. Wenn dann der Weihnachtsbaum betrachtet und die Gaben ausgeteilt waren, bekam jeder ein kleines Glas Punsch und gefüllte Krapfen.

Sie gingen wieder heim in ihre eigene arme Stube, und dort wurde von der »guten Lebensart«, das heißt vom guten Essen, gesprochen und die Gaben noch einmal richtig angesehen.

Eine Winterwanderung von Kopenhagen nach Slagelse

November 1823 fand das Hauptexamen statt. [...] Die Kronprinzessin schickte mir etwas Taschengeld. Und als ich zum Weihnachtsfest in Kopenhagen eingetroffen war, amüsierte ich mich dort prächtig. Allerdings durfte ich nur 8 Tage verweilen, dann mußte ich heimwärts und mit Meislings [Rektor der Lateinschule in Slagelse] Kindern spielen – das verlangte er von mir!

Ich wohnte in dieser Zeit bei dem Speicherverwalter Balling, einem liebenswürdigen, freigebigen Mann, der mir in der Zeit vor meinem Aufenthalt in Slagelse schon öfter Güte erwiesen hatte. An diesen wenigen Tagen, die ich hier in Kopenhagen verlebte, besuchte ich mit ihm täglich das Theater. Wir hatten billige Parkettplätze. Was war ich glückselig! –

Als Zeichen meiner großen Theaterleidenschaft möchte ich Folgendes beschreiben: Anstatt auf das sonnabendliche Theaterstück zu verzichten und am Sonnabendmorgen mit der Postkutsche nach Slagelse zurückzufahren, wollte ich lieber den ganzen Weg nach Slagelse am Sonntag früh zu Fuß zurücklegen. Zwar dauerten die Ferien noch 8–12 Tage, da mich aber Meisling am folgenden Montag schon wieder bei sich haben wollte, blieb ich noch bis zum Sonnabend und besuchte die Samstagskomödie. Dann wanderte ich zurück, ausgestattet mit ein wenig Taschengeld von Balling und einer Anzahl von Romanen Walter Scotts, die ich als Weihnachtsgeschenk erhalten hatte. Es herrschte strenger Frost. Aber ich war ein ausgezeichneter Fußgänger. Als einmal meine Finger durch die Kälte wie abgestorben waren, mußte ich ihnen wieder zum Leben verhelfen. Dann begann auch noch zwischen Roskilde und Ringsted ein heftiges Schneetreiben. Doch ich marschierte mitten auf der Landstraße, las zwischendurch in Shakespeares »Sturm« und sang lustig vor mich hin. So erreichte ich nachts gegen ein Uhr Slagelse. Ich schlief in meiner Unterkunft und war am Morgen bei Frau Meisling und den Kindern.

An Christian H. Iversen

Slagelse, den 16. Januar 1824

Lieber Herr Iversen,

Es ist nun bald ein halbes Jahr her, seit ich die Freude hatte, Ihnen zu schreiben; der Grund, daß es so lange gedauert hat, ist, daß ich ein paar Zeilen von Ihnen erwartete, dann aber ist mir die Zeit auch sehr knapp gewesen, da ich jetzt in eine höhere Klasse gekommen bin. [...]

Ich bin übrigens dieses Jahr Weihnachten in Kopenhagen gewesen und habe mich herrlich amüsiert, die Geschenke, die mir die liebsten waren, bekam ich von Ihrer Königlichen Hoheit Karoline: Walter Scotts Werke, und von Oehlenschläger seine neuen Gedichte. [...]

Nun leben Sie wohl! Ein glückliches neues Jahr wünsche ich Ihnen und Ihrer Familie und hoffe nun bald einige Zeilen von Ihnen zu bekommen.

Ihr dankbarer

Andersen

Freuden und Ängste eines armen Schuljungen

Dienstag [22. November 1825]

Ich holte zuerst einen Brief von der Poststation, der bereits am letzten Sonntag dort für mich angekommen war. Er war von Frau Wulff [Frau des Shakespeare-Übersetzers und Konteradmirals Peter Frederik Wulff], die mir für die Weihnachtsferien eine Unterkunft bei sich anbot. Freude erfüllte meine Brust. Herrgott, ich fühlte dich, und kindliche Dankbarkeit und Liebe durchzogen meine Seele. Wie herrlich! Gute und kultivierte Menschen erweisen mir eine Güte, die ich nicht verdiene. Ja, ich will in Zukunft auch gütig werden. Gott, o Gott!

An diesem Tag klappte alles in der Schule phantastisch. O mein Gott, o mein Gott! Meinem Herzen fehlen die Worte, um meine Empfindungen auszudrücken.

Samstag [10. Dezember 1825]

Gott, was habe ich für Herzbeklemmungen. Allmächtiger, erbarme dich meiner! [...] Ja, der Rektor muß mit mir unzufrieden sein, und ich kann es nicht ändern. Am Ende muß ich die Schule gar verlassen. [...] O Gott, o Gott! Und dabei hatte ich mich so wahnsinnig, wie ein Kind, auf das Weihnachtsfest gefreut! [...] Nun kann ich mich nicht länger auf die Weihnachtsferien freuen! Selbst in meiner dürftigen Kindheit hatte ich doch diese Freude! Da war Weihnachten für mich ein heiliges, kindliches Fest! Wie glücklich war ich doch damals in unserer kleinen, beengten Stube!

Oh, so glücklich, so andauernd glücklich werde ich nie wieder im Leben sein. O herrliche Kinderzeit!

Auf »Amalienborg« im Hause Wulff

Montag, 19. Dezember [1825]

Ich habe zwei Zimmer mit dem Ausblick auf den Schloßplatz. Eines, um darin zu schlafen, ein weiteres, geheiztes, in dem ich morgens lesen kann. [...] Ich bekam von Wulff die drei Bände mit Shakespeares Schauspielen verehrt, die er übersetzt hat. Sie wurden auf Schreibpapier gedruckt und so elegant gebunden, wie es eben Shakespeare-Stücke verdienen. – Tausend Gefühle durchströmen mich – oh, was hat Gott nicht alles für mich getan [...]

Vor fünf, sechs Jahren ging ich auch da unten umher [auf dem Platz vor Schloß »Amalienborg«, in dessen Seitenflügel, dem Brockdorffschen Palais, die Wulffs wohnten]. Ich kannte in dieser Stadt nicht einen Menschen, und jetzt kann ich mich bei einer lieben und ehrenwerten Familie hier oben an meinem Shakespeare erfreuen. – Oh, Gott ist so so gut! Ein Tropfen von des Honigs Freude läßt mich alle Bitterkeit vergessen! Möge Gott mich nicht verlassen! – Er hat mich so glücklich gemacht!

[Kopenhagen] Freitag [23. Dezember 1825]

Hier im Hause Wulff speisten wir wegen des abendlichen Balles heute nicht zu Mittag. Zwar hatten mir andere genügend Einladungen geschickt, aber ich hatte keine Lust dazu. Ich las lieber dem Fräulein und Christian selbstgeschriebene Verse nach vorgegebenen Reimen vor.

– Draußen rollen die Kutschen vor. Jetzt kommt der König! Ich muß auch hinaufgehen, um die Kadetten zu betrachten. Schlag 8 Uhr werden auch Lotte Oehlenschläger [Tochter des Dichters Adam Gottlob Oehlenschläger] und die anderen kommen. Oh, wäre ich doch nur etwas eleganter gekleidet! –

Später fand ich mich oben in dem prächtigen Saal ein, wo sich die eleganten Gäste, vor allem die Militärs, sowie der König und die Prinzen aufhielten. Der Prediger hielt eine schöne Ansprache. Am prachtvollsten schienen mir die Kadetten zu sein. Ihr Waffentanz gefiel mir besonders gut. Oh, welche Formen, welche Leichtigkeit! – Du mein Gott, was bin ich dagegen? Und ich hatte mir eingebildet, an diesem Abend unter ihnen tanzen zu können! Als sich die Prinzen in einen Wohnraum begaben, flüchtete ich in mein Zimmer. Denn ich genierte mich. Dann kam der Rest der Gesellschaft. Die vergoldeten Säle schimmerten im Lichterglanz der Kronleuchter. Ich ging in meinem Überrock hinunter. Als ich aber sah, daß sich W. mit seiner Frau unterhielt, schwante mir, daß ich mich nicht in dieser Bekleidung zeigen dürfe. Dazu befragte ich ehrlich Frau W. »Ja, wenn du einen Frack hättest, das wäre besser«, meinte sie. Ich zog jetzt meinen grauen Frack an. Ja, das war viel besser! Nun strömte die Gesellschaft ins Haus. Aber alle trugen Schwarz, nur ich trug Grau. Ich konnte daher weder stehen noch gehen. Oehlenschläger war der einzige, der sich mit mir unterhielt. Mir war alles sehr peinlich. Die anderen hielten mich sicher für einen Diener. Und so sollte mich auch Lotte O. sehen? Oh, welche Qual! – Ich rannte sogleich in mein Zimmer, ging zu Bett und beklagte mein Schicksal, daß ich keine schönen Kleider besaß.

Draußen rollten die Karossen davon, während in meinem Kopf die Gedanken rollten. Und so schlief ich ein.

Kay und die Schneekönigin

Drinnen in der großen Stadt, wo so viele Menschen und Häuser sind, daß dort nicht Platz genug ist, daß alle Leute einen kleinen Garten besitzen können, und wo sich deshalb die meisten mit Blumen in Blumentöpfen begnügen müssen, waren zwei arme Kinder, die einen etwas größern Garten als einen Blumentopf besaßen. Sie waren nicht Bruder und Schwester, aber sie waren sich ebenso gut, als wenn sie es gewesen wären. Die Eltern wohnten einander gerade gegenüber in zwei Dachkammern, wo das Dach des einen Nachbarhauses gegen das andere stieß und die Wasserrinne zwischen den Dächern entlanglief; dort war in jedem Hause ein kleines Fenster; man brauchte nur über die Rinne zu schreiten, so konnte man von dem einen Fenster zum andern gelangen.

Die Eltern hatten draußen beiderseits einen

großen hölzernen Kasten, und darin wuchsen Küchenkräuter, die sie brauchten, und ein kleiner Rosenstock; es stand einer in jedem Kasten; die wuchsen so herrlich! Nun fiel es den Eltern ein, die Kasten quer über die Rinne zu stellen, so daß sie fast von dem einen Fenster zum andern reichten und zwei Blumenwällen ganz ähnlich sahen. Erbsenranken hingen über die Kasten herunter, und die Rosenstöcke schossen lange Zweige, die sich um die Fenster rankten und einander entgegenbogen; es war fast einer Ehrenpforte von Blättern und Blumen gleich. Da die Kasten sehr hoch waren und die Kinder wußten, daß sie nicht hinaufkriechen durften, so erhielten sie oft die Erlaubnis, zueinander hinauszusteigen und auf ihren kleinen Schemeln unter den Rosen zu sitzen; da spielten sie dann so prächtig.

Im Winter hatte dies Vergnügen ein Ende. Die Fenster waren oft ganz zugefroren; aber dann wärmten sie Kupferschillinge auf dem Ofen und legten den warmen Schilling gegen die gefrorene Scheibe; dadurch entstand ein schönes Guckloch, so rund, so rund; dahinter blitzte ein lieblich mildes Auge, eines vor jedem Fenster; das war der kleine

Knabe und das kleine Mädchen. Er hieß Kay, und sie hieß Gerda. Im Sommer konnten sie mit einem Sprunge zueinander gelangen, im Winter mußten sie erst die vielen Treppen hinunter und die Treppen hinauf; draußen stob der Schnee.

»Das sind die weißen Bienen, die schwärmen«, sagte die alte Großmutter.

»Haben sie auch eine Bienenkönigin?« fragte der kleine Knabe, denn er wußte, daß unter den wirklichen Bienen eine solche ist.

»Die haben sie!« sagte die Großmutter. »Sie fliegt dort, wo sie am dichtesten schwärmen! Es ist die größte von allen, und nie bleibt sie stille auf Erden; sie fliegt wieder in die schwarze Wolke hinauf. Manche Mitternacht fliegt sie durch die Straßen der Stadt und blickt zu den Fenstern hinein, und dann frieren die so sonderbar und sehen wie Blumen aus.«

»Ja, das habe ich gesehen!« sagten die Kinder und wußten nun, daß es wahr sei.

»Kann die Schneekönigin hier hereinkommen?« fragte das kleine Mädchen.

»Laß sie nur kommen!« sagte der Knabe; »dann setze ich sie auf den warmen Ofen, und sie schmilzt.«

Aber die Großmutter glättete sein Haar und erzählte andere Geschichten.

Am Abend, als der kleine Kay zu Hause und halb entkleidet war, kletterte er auf den Stuhl am Fenster und guckte aus dem kleinen Loche; ein paar Schneeflocken fielen draußen, und eine derselben, die allergrößte, blieb auf dem Rande des einen Blumenkastens liegen; die Schneeflocke wuchs mehr und mehr und wurde zuletzt ein ganzes Frauenzimmer, in dem feinsten weißen Flor gekleidet, der wie aus Millionen sternartiger Flocken zusammengesetzt war. Sie war so schön und fein, aber von Eis, von blendendem, blinkendem Eise. Doch war sie lebendig; die Augen blitzten wie zwei klare Sterne; aber es war keine Ruhe oder Rast in ihnen. Sie nickte dem Fenster zu und winkte mit der Hand. Der kleine Knabe erschrak und sprang vom Stuhle herunter; da war es, als ob draußen vor dem Fenster ein großer Vogel vorbeiflöge. [...]

An einem Wintertage, wo es schneite, kam er mit einem großen Brennglase, hielt seinen blauen Rockzipfel hinaus und ließ die Schneeflocken darauffallen.

»Sieh nun in das Glas, Gerda!« sagte er; und jede

Schneeflocke wurde viel größer und sah aus wie eine prächtige Blume oder ein zehneckiger Stern; es war schön anzusehen. »Siehst du, wie künstlich!« sagte Kay. »Das ist weit interessanter als die wirklichen Blumen! Und es ist kein einziger Fehler daran; sie sind ganz akkurat, wenn sie nur nicht schmölzen!«

Bald darauf kam Kay mit großen Handschuhen und seinem Schlitten auf dem Rücken; er rief Gerda in die Ohren: »Ich habe Erlaubnis erhalten, auf den großen Platz zu fahren, wo die andern Kinder spielen!«, und weg war er.

Dort auf dem Platze banden die ecksten Knaben oft ihre Schlitten an die Wagen der Landleute fest, dann fuhren sie ein gutes Stück Wegs mit. Das ging recht schön, Als sie im besten Spielen waren, kam ein großer Schlitten; der war ganz weiß angestrichen, und darin saß jemand, in einen rauhen weißen Pelz gehüllt und mit einer rauhen weißen Mütze; der Schlitten fuhr zweimal um den Platz herum, und Kay band seinen kleinen Schlitten schnell daran fest, und nun fuhr er mit. Es ging rascher und rascher, gerade hinein in die nächste Straße; der, welcher fuhr, drehte sich um, nickte dem Kay freundlich zu; es war, als ob sie einander kennten; jedesmal, wenn Kay seinen kleinen Schlitten ablösen wollte, nickte der Fahrende wieder, und dann blieb Kay sitzen; sie fuhren zum Stadttor hinaus. Da begann der Schnee so herniederzufallen, daß der kleine Knabe keine Hand vor sich erblicken konnte; aber er fuhr weiter; nun ließ er schnell die Schnur fahren, um von dem großen Schlitten loszukommen, aber das half nichts, sein kleines Fuhrwerk hing fest, und es ging mit Windeseile vorwärts. Da rief er ganz laut, aber niemand hörte ihn, und der Schnee stob, und der Schlitten flog von dannen; mitunter gab es einen Sprung; es war, als führe er über Graben und Hecken. Der Knabe war ganz erschrocken; er wollte sein Vaterunser beten, aber er konnte sich nur des großen Einmaleins entsinnen.

Die Schneeflocken wurden größer und größer; zuletzt sahen sie aus wie große weiße Hühner; auf einmal sprangen sie zur Seite, der große Schlitten hielt, und die Person, die ihn fuhr, erhob sich; der Pelz und die Mütze waren ganz und gar von Schnee; es war eine Dame, hoch und schlank, glänzend weiß; es war die Schneekönigin.

»Wir sind gut gefahren!« sagte sie; »aber wer wird frieren! Krieche in meinen Bärenpelz!« Und sie setzte ihn neben sich in den Schlitten und schlug den Pelz um ihn; es war, als versinke er in einem Schneetreiben.

»Friert dich noch?« fragte sie, und dann küßte sie ihn auf die Stirn. Oh! das war kälter als Eis; das ging ihm gerade hinein bis ins Herz, welches doch zur Hälfte ein Eisklumpen war; es war, als sollte er sterben; – aber nur einen Augenblick, dann tat es ihm recht wohl; er spürte nichts mehr von der Kälte ringsumher.

Weihnachten und Dreikönigstag in Rom

Rom ist gewiß die einzige Stadt, in welcher ein Fremder, der sich ohne Bekanntschaft ansiedelt, sich heimisch fühlen kann. Ein stiller Sinn wird hier so einsam und abgesondert zu leben vermögen, wie er es sich wünscht, und der unruhigste Geist Abwechselungen genug finden, denn hier vergeht kein Tag, ohne daß er für Augen und Gedanken etwas Neues bringt.

Man muß ein ganzes Jahr in Rom leben, um das Bild dieser Weltstadt richtig aufzufassen, welche zu jeder Jahreszeit ihre eigentümliche Färbung hat. [...] Man muß in Rom sein, wenn der Schnee auf den Bergen liegt und die Schildwache, mit ihrem Kohlenbecken vor sich, auf ihrem Posten steht, während die barfüßigen Knaben die Füße auf das Eis setzen und sagen, daß es brenne. [...]

Der Reisende aus dem Norden, welcher, indem

er in die Stadt hineinrollt, glaubt, er werde eine Stadt sehen, die ihn an Nürnberg erinnere oder ein noch älteres Gepräge darbiete, wird im höchsten Grade überrascht von dem heitern Anblick, der gefälligen Regelmäßigkeit, dem ganz Modernen, das sich ihm zeigt. Man erblickt sogleich einen großen, schönen Platz mit einem Obelisken und Springbrunnen, eleganten Hotels, herrlichen Terrassen mit neuen Statuen und Basreliefs; [...] die vornehme Welt rollt in prächtigen Wagen vorüber; englische Damen und römische Dandies zeigen sich zu Pferde. Das einzige, was das Bild des Modernen stören möchte, wäre vielleicht, wenn ein paar der rotbemalten, plumpen Kutschen der Kardinäle vorüberkämen, auf welchen Kutscher und Diener Perücken und dreieckige Hüte tragen. [...]

Es ist etwas poetisch Schönes, Weihnachten wie ein Fest der Kinder zu feiern; aber so, wie dieses in der Kirche Araceli in Rom geschieht, wird die Schönheit der Idee durch ihre materielle Ausführung vernichtet.

Eine der Seitenkapellen, im linken Gang der Kirche, ist gänzlich in ein Theater verwandelt, mit Kulissen, Hintergrund und Dekorationen. Die Szene zeigt eine ländliche Gegend. Hier sitzt eine Figur, die Madonna vorstellend, in wirklicher Kleidung; in ihrem Schoße ruht das aus Wachs geformte Christuskind, es strahlt von Gold und Juwelen; Joseph steht an ihrer Seite, die Hirten bringen ihre Opfer dar; auf Pappe gemalt, prangt Gott Vater hoch in den Wolken, von Engeln umgeben.

Vor diesem gut erleuchteten Schauplatz halten päpstliche Soldaten Wache; ein Tisch ist an einen der nächsten Pfeiler gerückt, auf diesen stellen die Mütter ihre Kinder und darunter ganz kleine von fünf oder sechs Jahren. Jedes Kind sagt dann ein Gedicht her, welches von dem Jesuskinde oder dem Weihnachtsfeste handelt. Es geschieht nicht selten, daß der kleine Redner entweder ängstlich wird und plötzlich innehält oder seine schwache Stimme so komisch erhebt, daß die ganze Versammlung lacht.

Es redet nicht immer einer allein, man sieht oft zwei, ja drei kleine Mädchen nebeneinander aufgestellt und in Versen einen Dialog von Bambinos Schönheit sprechen.

Am sechsten Januar erreicht dieses Fest seinen Höhepunkt. Ich war in diesem Jahre dort; es war ein regnerischer Tag mit Sirocco; der starke Weihrauch in der Kirche war erstickend, indem er sich mit den Ausdünstungen der knoblauchessenden Bauern und der zerlumpten, schmutzigen Bettler vermischte. Ich befand mich hier durchaus nicht wohl. Die Festlichkeit hatte indes ihren Fortgang. Ein kleines Mädchen hielt kühn, in Versen, ihren Vortrag; eine Messe wurde gesungen, und nun begann die Prozession durch die Kirche nach dem kleinen Theater. Einer der Mönche kletterte auf dieses hinauf, nahm das Jesuskind aus dem Arm der Madonna und stieg damit herab, aber in demselben Augenblick fiel ein ganzer Musikchor mit einer sehr lustigen Musik ein, Becken und Trommeln ertönten durch die Kirche, es war ein Marsch wie in einer Opera buffa; er sollte den Jubel des Herzens ausdrücken, daß das Christuskind nun uns Menschen gegeben worden sei; aber mich überlief es kalt bei dieser Wildheit, ich fühlte mich angegriffen und suchte den Ausgang. Einige Bauern, die über den Gang gehen wollten, wo die Prozession vorbei mußte, wurden von zwei kräftigen Mönchen vor die Brust gestoßen und zurückgewiesen, aber mich als Fremden ließen sie passieren. Ich suchte den Ausgang, aber die ganze Prozession folgte in schleunigem Marsch nach und war ebenso früh als ich auf der hohen Treppe. Der Regen stürzte herab. Der Bischof erhob das Christuskind in seinen Armen vor der Menge draußen. Alles sank auf die Knie; ein Rufen der zunächst stehenden Mönche: »Einen Regenschirm, einen Regenschirm! Das Kind wird naß!« ertönte laut vor meinen Ohren. Ich hatte das Gefühl, als verlasse ich einen entweihten Gottestempel.

An Hans Christian Ørsted

Rom, am 5. Dezember 1833

Lieber Herr Etatsrat!

Fast jeden der letzten zehn Weihnachtsabende habe ich in Ihrem lieben Kreis verbracht, in den Sie mich schon frühzeitig aufnahmen, den Fremdling, der so allein dastand. Seien Sie überzeugt, daß ich mich allezeit jedes kleinen Zuges Ihrer Güte und Freundschaft mit Dankbarkeit erinnere – wenn ich diese Formulierung gebrauchen darf. Nun nähert sich das Weihnachtsfest wieder. Auf der Straße draußen spielen schon die Hirten von den Bergen auf ihren Dudelsäcken und verkünden das frohe Fest. Aber hier ist es noch sommerlich warm, die Pinien und Zypressen sind grün, und die gelben Orangen hängen vis à vis über die Mauer. Alles präsentiert sich mir in einer anderen Gestalt als vor Jahr und Tag. In diesem Jahre komme ich nicht, um den Weihnachtsbaum in der Nørregade zu schmükken, sehe nicht, daß sich die Kinder um mich scharen. Ich werde weder Verse schreiben noch sie in dem bekannten Kreis unter der Gaslampe vorlesen, wo die Mutter geschäftig um uns herum ist, während sie die Freude mit uns teilt. Aber in meinen Gedanken bin ich bei Ihnen.

An Henriette Wulff

Rom, den 16. Dezember 1833

Hier gibt es ja soviel Schönes zu erzählen; Sie wissen ja noch gar nichts von meinem Leben in Rom. Es ist absolut keine alte, ernste Stadt, wie man sich vorstellt, das Alte schlingt sich nur in das Neue hinein, eine Welt voller Schätze ist es. [...]

Erst in Italien spüre ich den Einfluß meiner Reise, erst hier beginne ich die Kunst zu begreifen. O Gott, wenn all meine Träume leere Phantasien wären! – Nie habe ich mehr Ermutigung und Aufmunterung gebraucht als jetzt [...] Heute habe ich zum erstenmal Feuer in meinem Zimmer, ein paar Kohlen; die kalte Stube und der Wind von den Bergen haben mir ein kleines Fieber eingetragen, das aber nicht gefährlich ist; meine Augen aber sind sehr schlimm gewesen. Die Mittagswärme ist übrigens noch stark, und die Rosen blühen, Zitronen und Orangen hängen ganz gelb in der freien Luft.

Weihnachten 1833

Je weiter der Schwede, der Norweger und der Däne sich von der Heimat entfernen, desto lauter pocht jedem das Herz, wenn sie sich begegnen.

»Wir sind *ein* Volk, man nennt uns Skandinavier.«

Als ich 1833 in Rom war, feierten die drei Nationen ihren Weihnachtsabend gemeinschaftlich wie *eine* Familie. Gesang und Munterkeit passen nicht zu der römischen Feier des Geburtsfestes des Erlösers. Wir konnten daher in der Stadt nicht lustig sein, wollten aber doch unsere Freude nicht einbüßen – keine Stadt ist so tolerant als Rom –, man räumte uns ein hübsches Lokal vor der Stadt ein, ein großes Haus in der Villa Borghese, inmitten eines Pinienwäldchens, dicht bei dem modernen Amphitheater. Wir schmückten den Saal mit Girlanden und Kränzen, die Blumen pflückten wir im Garten.

Die Luft war mild und warm, es war ein Weihnachten wie im Juni in der Heimat.

Ein Weihnachtsbaum sollte geschafft werden, ein Tannenbaum wie im Norden. Dieser war aber hier ein gar zu kostbarer Schatz; wir müßten uns, sagte man, mit zwei großen Apfelsinenbäumen begnügen, die von der Wurzel abgesägt waren und voller Früchte hingen, und diese waren nicht etwa an die Zweige gebunden, nein, aus diesen hervorgewachsen. Wir waren gegen fünfzig Skandinavier und darunter sieben Damen; diese trugen Kränze von frischen Rosen um die Schläfen, wir Männer dagegen Efeukränze. Die drei Nationen hatten zu Geschenken beigesteuert, welche durch das Los gewonnen werden sollten; der Hauptgewinn war ein silberner Becher mit der Inschrift: »Der Weihnachtsabend in Rom 1833«, er war die Gabe der drei Nationen, und wer erhielt ihn? Ich war der Glückliche!

Gegen Mitternacht brachen die Ältern auf und gingen nach Rom zurück; Byström und Thorvaldsen [schwedischer und dänischer Bildhauer] waren unter diesen, ich folgte ihnen.

Das Tor der Stadt war geschlossen, aber um hineinzugelangen, war uns die Weisung gegeben, wir sollten uns durch drei starke Schläge mit dem Hammer ankündigen und rufen: gli Scandinavi!

Ich dachte an Holbergs Komödie, in welcher Kilian an Trojas Tor klopft, und so erfaßte ich den Hammer, gab das Signal und unser Losungswort: gli Scandinavi! Eine kleine Luke in der Pforte wurde geöffnet, und einzeln krochen wir hinein in die große Weltstadt.

Es war ein heiteres Weihnachten, warm und mild wie eine Sommernacht im Norden.

Weihnachten war unser schönstes Fest; ich habe darüber in »Eines Dichters Bazar« erzählt, allein so festlich, so erfreulich und frisch wie im Jahre 1833 war es kaum jemals später. Man durfte an diesem Abend in der Stadt selbst nicht jubeln und Scherze treiben, wohl aber außerhalb. Wir feierten daher unser Fest in dem Garten der Villa Borghese, in einem großen Haus dicht am Amphitheater. Der Blumenmaler Jensen, der Medailleur Christensen und ich waren schon früh am Morgen dort draußen; in dem warmen Sonnenschein gingen wir in Hemdsärmeln umher und wanden Kränze und Girlanden. Unser Weihnachtsbaum war ein großer Orangenbaum mit daranhängenden Früchten. Ich war der Glückliche, der den größten Gewinn, einen silbernen Becher mit der Inschrift: »Weihnachtsabend in Rom 1833«, gewann. Jeder Gast spendete ein Geschenk, und es war Bedingung, irgend etwas Lustiges auszuwählen oder es durch Verpackung und Sinnspruch dazu zu machen. Ich hatte aus Paris ein paar grelle, gelbe Vatermörder mitgebracht, die nur für einen Karnevalsscherz zu gebrauchen waren, ich wollte sie verwenden. Allein diese Absicht nahm eine Wendung, durch die, wie man sehen wird, der Abend mit Streit und Zorn hätte enden können. Es fiel mir nicht ein, daß irgend jemand anderer Ansicht sein könnte, daß Thorvaldsen an diesem Abend der bedeutendste Gast sein werde und ich also ihm vor allen anderen den Kranz reichen könnte. Der Vatermörder aber, der die Farbe des Neides hatte, kam mit zum Scherz hinein. Ich wußte nicht, was wir jetzt in »Thorvaldsens Leben« von Thiele lesen können, daß einmal zwischen Byström und Thorvaldsen ein Streit wegen ihrer Bedeutung stattgefunden hatte: Byström meinte, Thorvaldsen übertreffe ihn mit seinen Basreliefs, nicht aber in der Skulptur. Thorvaldsen wurde heftig und rief aus: »Du magst mir die Hände binden, aber ich werde mit den Zähnen den Marmor besser beißen, als du ihn meißeln kannst!«

Nun war bei unserem Weihnachtsfest sowohl

Thorvaldsen wie Byström zugegen. Ich hatte für meinen großen Landsmann einen Kranz gebunden und einen kleinen Vers dazu geschrieben; das Geschenk galt ihm, aber daneben lag der gelbe Kragen, und den sollte der haben, der zufällig durch das Los das Paket bekam. Das Geschick wollte es aber, daß es Byström zufiel; der Vers an den Gewinner lautete: »Du kannst den gelben Kragen des Neides behalten, aber den Kranz wirst du Thorvaldsen reichen müssen!« Auf der Stelle geriet alles in Aufregung über meinen Mangel an Takt oder den schlechten Witz. Doch dann sah man ein, daß das Päckchen zufällig in die Hände Byströms gelangt sei. Und als man dann erfuhr, daß ich, dem man keinen Stachel zutraute, der Spender sei, glich die Sache sich aus, und die gute Laune kehrte zurück.

Ich hatte ein Lied geschrieben, es war mein erstes skandinavisches Gedicht, unser Weihnachtsfest war doch nun einmal ein skandinavisches Fest, aber von skandinavischen Sympathien war nichts zu spüren. Die Überschrift lautete: »Das Weihnachtsfest der Skandinavier in Rom 1833«, es war zu der Melodie »Jung Adelsteen stand auf dem Thing« geschrieben.

Süß laßt den Duft des Weihnachtsbaumes sein,
Der gestern noch im Lorbeerhaine stand!
Froh wie die Kinder stimmt mit ein,
Wir alle sind zu Haus im Kinderland.
Uns unterscheidet nur eines nicht sehr,
Einer weiß weniger, einer weiß mehr.

Denkt an zu Hause, wie war das doch schön
Zur Weihnachtszeit, als wir noch klein.
Wir wollten durch die geschlossene Türe schon
seh'n.
Durch deren Spalt das Licht schien herein.
Es waren auch Kinder der Nachbarn dabei,
Wie heute und hier – es ist einerlei.

Dänen, Norweger und Schweden – wir drei,
Ein Kleeblatt, gesund, kräftig und treu,
Die Trennung der Brüder, hier ist sie vorbei,
In Rom knüpfen wir Bande aufs neu.
Eine Sprache und Heimar der Himmel uns gab,
Und ein Bruder ist uns jeder Skandinav.

König und Heim sind in uns geblieben,
Was unser Herz liebt, muß es preisen.

Glück für Dänemarks Frederik, den lieben,
Glück für Schwedens Carl Johan den Weisen.
Die Becher leeren alle wir, laßt sehen,
Denn Brüder hier bei Brüdern stehen!

Das Leben oft so schöne Bilder läßt
In schnellem Wechsel wieder dahinschwimmen,
Doch hier in Rom dies unser Weihnachtsfest,
Das werden ewig wir in unserem Geiste binden.
So genießt, mit Kinderseele euch labend,
Unseren glücklichen Weihnachtsabend.

Das Lied wurde gesungen, es entstand eine Pause, jeder wollte, daß das Hoch auf seinen König zuerst ausgebracht würde. Schließlich wurde das Hoch für alle zugleich ausgebracht.

An Henriette Wulff

Rom, Altjahrsabend – 11 Uhr – 1833

Meine treue Schwester Jette!

Dies ist der letzte Abend des Jahres, meine Gedanken sind bei Ihnen! Ich habe mich von den Landsleuten losgerissen, von denen ich ja jederzeit genügend haben kann. Ich befinde mich in meinem kleinen Zimmer und träume Sie mir hierher. Denn zu Hause ist es Winter, ewiger Winter. Dorthin will ich mich nicht in meinen Gedanken versetzen. [...]

Oh, wie glücklich wäre ich, wenn ich Sie hier hätte! Dafür würde ich ein Jahr meines Lebens hergeben! Hier ist Sommer, ewiger Sommer!

Die Lorbeerbäume sind grün. Die Orangen glühen, und neu erblühte Blumen duften zwischen den Blättern. Zu Hause liegt der Schnee, zu Hause hängt der Nebel, und die Menschen sind so kühl und so gescheit! Dorthin soll ich im neuen Jahr vielleicht zurück, mein heißes Blut wird mit kalten Umschlägen und platten Predigten gekühlt werden.

Aber das werde ich nicht ertragen! Ich bitte, nicht meine Gesinnung mißzuverstehen! Ich liebe meine Freunde, und ich hänge mit meinem Herzen und meiner Seele an meinen Lieben. Selbst hier im Paradiese würde ich sterben, wenn ich wüßte, daß ich sie nie wiedersehen würde. Aber mir graust vor dem ewigen Winter und dem ewigen dummen Gerede dort, das mich jetzt doppelt erdrücken wird, da ich mich dort gar nicht mehr heimisch fühle.

Als ich vorgestern mit Herz herumspazierte, schien die Sonne so warm, die Pinien ragten im frischen Grün über uns, und der Himmel war von diesem Blau, das ich Ihnen doch niemals werde beschreiben können. Da seufzte er ebenfalls und sprach: »Gott weiß, wie es wird, wenn wir einst nach Hause kommen! Hier werden wir verwöhnt!« – Oh, wer doch von Italien direkt in Gottes Reich fliegen könnte! Noch niemals fühlte ich einen derartigen Schmerz bei dem Gedanken, einen Ort verlassen zu müssen, wie an diesem Abend. Oh, es ist sicher, dies ist der letzte und einzige Altjahrsabend, an dem ich auf dieser Seite des Apennin bin. Doch Gott sei gedankt, daß ich einmal hier war!

An Henriette Hanck

Kopenhagen, Neujahrstag 1835

[...] Ich habe Ihnen bereits am Dienstag schreiben wollen, damit Sie im alten Jahr noch einen Brief von mir erhalten. Aber dann klopfte es in der frühen Morgenstunde an die Tür, und mein Freund aus römischen Tage, Christense, wollte mich besuchen. Ein wenig später kam der Dichter H. P. Holst: »Du vorzüglicher Mensch, kannst du mir für mein Sonntagsblatt etwas Text aus deinem Tagebuch zur Verfügung stellen?« Ich mußte dann zwei kleine Essays über Raffaels Begräbnis und meine Bekanntschaft mit Thorvaldsen aus meinen Unterlagen herausfischen.

Nun wollte ich mich endlich an den Brief für Sie machen. Madonna mia! Da klopfte es wieder. Es war Damenbesuch! Eine alte Jungfer, Fräulein Brandt, die Übersetzerin der »Corinna« [von Madame de Staël]. Sie wollte eine Neujahrsgabe veröffentlichen, zu der ich ihr eines meiner Gedichte nach Ludwig Uhlands »Klein Ronald« gegeben hatte. Nun saß sie in der größten Not, denn ihr fehlte noch ein Manuskript von 3 Seiten. Ich sollte helfen. [...]

Weihnachten ist denn jetzt mit all den Bescherungen und Gesellschaften vorbei. Dem Himmel sei gedankt! Im vorigen Jahr lustwandelte ich zu dieser Zeit noch unter Lorbeerbäumen und trank blaue Luft. In diesem Jahr stanken hier die Tannenbäume, und den Nebel konnte man in Stücke schneiden. Doch – wir haben schon ein Klima! Du heilige Gertrud! Ich könnte weinen über das ewige Grau in Grau! Ansonsten kann ich jetzt die alte Bauernregel verstehen, die ich als Kind lernte. Sie besagt, daß die graue Farbe nicht gut für mich sei und mein Tod wäre. Damals dachte ich, damit sei die Bekleidung gemeint. Jetzt stelle ich zur Genüge fest, worum es eigentlich geht: Ich trinke ihn täglich, trinke den grauen, langsamen Tod, dann ebenso den schwarzen Tod. [...]

Am Heiligabend war ich von Mittag bis 7 Uhr abends bei Etatsrat Ørsted, an dessen Weihnachtsbaum für mich ein Paar entzückende vergoldete

Kontortassen [robuste, dickwandige Tassen] aus sächsischem Porzellan gewachsen waren, nebst einem Gedicht von Ørsted. Daraufhin begab ich mich in die Studentenverbindung, wo zuerst ein Prolog von Arnesen und danach ein Vaudeville nach dem Französischen dargeboten wurde und zuletzt eine Parodie auf das Ballett »Nina« unter dem Titel »Der Kuß oder Medizin gegen eine halbe Stunde Wahnsinn aus Liebe«. Darin waren viele Anspielungen auf die Begebenheiten der letzten Tage enthalten. Das fand ein großes Interesse. Nach der Komödie, um 23 Uhr, begab ich mich zur Weihnachtsgrütze zu den Collin, wo ich von Frau Drewsen ein paar vergoldete Tassen geschenkt bekam sowie einen hübschen, bestickten Geldbeutel von Louise, außerdem von der *jungen* Frau Collin einen niedlichen etruskischen Becher. – Halb 3 war ich im Bett. Am Tag darauf war ich zu einem großen Gabelfrühstück bei Gottlieb Collin, mittags zu einem außerordentlichen Festessen bei Etatsrat Wiborg und abends zu einer musikalischen Soiree bei dem Agenten Zinn. Derart kann es demnächst weitergehen. Aber ich bin es leid, und das Ganze ödet mich an. Am amüsantesten war es bei Professor Thiele, bei dem es schöne Kupferstiche und Kunstgegenstände zu betrachten gab.

Ich fange jetzt mit dem Schreiben einiger Kindermärchen an. Wissen Sie, ich will mich bemühen, die künftigen Generationen zu gewinnen. Sie wollten doch gerne einmal eine Beschreibung meiner Wohnung haben. Nun denn! Ein großes Anwesen mit zwei Toreinfahrten! Über die Treppe steigt man zum zweiten Stockwerk hinauf. An der Tür steht mein Name. Hier tritt man - ich bitte um Vergebung - sogleich in meine Schlafkammer, ein langes Bett, ein Regal mit Papieren, ein grüner Vorhang, der meine Garderobe verbirgt, ein Tisch, Stühle und ein Kachelofen sind die gesamte Möblierung. An der einen Tür hängt, in Öl gemalt, eine Skizze von Petzhold aus Rom, die ein gestrandetes Schiff darstellt, an der anderen Tür ein französischer Almanach mit einem Kupferstich aus Napoleons Leben. Er selbst steht, auf einem anderen Stich, neben dem Kachelofen auf der Vendôme-Säule. Aus den Fenstern geht die Aussicht über den Hof hin zum Botanischen Garten mit seinen Bäumen und Wegen. Börsenturm und die Toppen der Segelschiffe an der Knippelsbrø beschließen den Hintergrund. [...] Nun betritt man mein

Arbeitszimmer. Im Kachelofen brennt ein Feuer. Über dem Sofa hängt ein Gemälde von Fräulein Stub, einen Engel darstellend, der Schreibzeug und Lorbeerkranz hält. Darüber hängt ein italienisches Seestück nach Dahl von Jette Wulff. Auf einem Tischchen befinden sich meine Tassen und Becher nebst einem italienischen Kruzifix, das ich zu Weihnachten, nach echt katholischer Weise, mit Seidenband verziert habe. Es folgen mein Bücherregal und andere Möbelstücke. Durch das Fenster blickt man auf dreimastige Schiffe, Boote, die hintereinander vorbeiflitzen. Wenn ich den Kopf hinausstrecke, sehe ich hinter Packhäusern auf der einen Seite die Ostsee und auf der anderen Seite ein wenig vom Kongens Nytorv.

– Mein Spiegel steckt voller Visitenkarten. Alles ist aufgeräumt, bis auf den Tisch, der von Zeitungsblättern, Manuskripten, Kupferstichen und Büchern überquillt. Gelegentlich liegt auf ihm auch noch ein Handschuh oder eine Manschette.

Kopenhagen, den 19. Jan. 1836

Kein Winter ist so ruhig und glücklich dahingeglitten wie dieser. Der »Improvisator« hat mir die Achtung bei den Edelsten und Besten verschafft. Die Menge selbst hat mehr an Ehrerbietung gewonnen. Nahrungssorgen kenne ich, Gott sei Dank, nicht, und ich habe mir mein Leben in der letzten Zeit recht behaglich machen können. Die Zeitungsverleger senden mir ihre Zeitungen, Reitzel [Andersens Verleger] Bücher und Kupferstiche. So sitze ich in kunterbunten Pantoffeln und Schlafrock mit den Beinen auf dem Sofa. Der Kachelofen schnurrt, die Teemaschine summt auf dem Tisch, und der Weihrauch tut gut. Ich denke an den armseligen Jungen aus Odense, der in Holzpantinen ging. Und dann wird mein Herz weich und lobpreist den gütigen Gott!

Jetzt bin ich auf dem Zenit, das fühle ich durchaus. Später nimmt er ab. Aber der Dichter-Zenit dauert wohl 6 Jahre. Und in dieser Zeit kann ich 6 gute Bücher verfassen. Dann habe ich auf Erden das Meinige vollbracht, und ich bin sicher, daß ich schon zur richtigen Zeit sterben werde. Wenn ich doch zuvor noch einmal nach Italien komme, nur noch ein einziges Mal!

Florenz, den 11. Dezember 1840

Gestern bin ich hier angekommen. Es ist der erste Ort, wo ich mich in ganz Italien nach meinem Eintritt in dies Land so recht gemütlich fühle; ich wohne in einem prächtigen, gut eingerichteten Hotel (de l'Europe), wo alles großartig und auf französische Art ist; heute abend aber sitze ich und schreibe dies beim Feuer im Kachelofen (Kamin, meine ich), vor mir auf dem Tisch Trauben und *vino aleatico*. Ich habe heute die bekannten Stätte gesehen; mir kommt alles vor, als sei ich nur ein paar Tage von hier fortgewesen; ich habe dasselbe Gefühl, als wenn ich nach Odense komme [...]

Es ärgert mich, daß ich in Bologna nicht wußte, daß Rossini dort wohnt; sonst hätte ich ihn aufgesucht.

Es ist ganz wunderlich, wie heimisch ich mich hier fühle, und es ist doch mehrere hundert Meilen von meiner eigentlichen Heimat entfernt; ich wünsche nur, ich hätte meine Lieben bei mir; wie würde ich es dann genießen! Nun kann ich mich nicht mitteilen.

Gestern, als ich bergabwärts fuhr, dachte ich zufällig an Sie und Ihre Mutter; ich rollte durch eine große Allee von Zypressen, hoch wie unsere Pappeln; kein Lüftchen regte sich, und die Sonne brannte ordentlich. O wären Sie doch hier und atmeten südliche Luft!

Wieder Weihnachten in Rom

Es war ein heiteres Weihnachten [1833], warm und mild wie eine Sommernacht im Norden.

Und nun derselbe Abend 1840. Keiner hatte an eine Weihnachtsfeier gedacht. Jeder saß für sich allein zu Hause. Das Wetter war kalt. Das Kaminfeuer wollte mein Zimmer nicht erwärmen.

Weit flogen die Gedanken umher, sie flogen gen Norden. Jetzt ist, flüsterten sie, dort der Weihnachtsbaum mit hundert bunten Lichtern angezündet, die Kinder jubeln in süßer Glückseligkeit! Jetzt sitzen sie daheim um den Tisch, singen ein Lied und trinken auf die Gesundheit der entfernten Freunde. Leben herrscht in der Stadt, Leben auf dem Lande, auf den alten Rittergütern. Die Flure sind mit Lichtern und Tannen geschmückt, Teppiche liegen auf den Treppen, die geputzten Diener springen geschäftig auf und ab. Die Musik ertönt, der Zug beginnt, es geht in den großen Tanzsaal. – Ja! Weihnachten ist heiter im Norden!

Ich verließ die einsame Kammer – das Volk strömte zur Kirche Santa Maria Maggiore. Noch brannten darin nur einzelne Lampen. Männer, Weiber und Kinder, welche aus der Campagna und den Bergen hergewandert waren, saßen und lagen auf den Stufen, die zu den Kapellen und Altären in den Seitengängen führen. Einige der armen Leute waren vor Müdigkeit eingeschlafen, andere beteten einen Rosenkranz.

Nun wurden die Lichter angezündet. Die ganze Kirche strahlte in Purpur und Gold, Weihrauch duftete, Musik ertönte, der Gesang verkündete: »Ein Erlöser ist geboren, Halleluja!« Die alten Kardinäle trugen Christi Krippe auf ihren Schultern durch die Gänge der Kirche, und das Volk erblickte um diese eine Glorie, glänzender als die, welche die tausend Lichter ausströmten. Es war, als ob die Hirten, als ob die Engel sängen; Friede und Trost senkten sich in des Menschen Herz.

Dezembertage in Rom

Am 19. Dezember erreichte ich Rom. [...] Gleich am ersten Tag erhielt ich ein gutes Logis bei braven Leuten in der Via Purificazione, eine große Wohnung, eine ganze Etage für mich und Holst, der ja bald kommen wollte. Aber es verging eine lange Zeit, bevor dies geschah, ich sollte lange einsam in der großen Wohnung hausen, die ich billig bekommen hatte, weil sich nur wenige Fremde während dieses Winters in Rom aufhielten, denn das Wetter war schlecht, und arges Fieber wütete.

Zu meiner Wohnung gehörte ein kleiner Garten mit einem mächtigen Orangenbaum, der voller Früchte hing, an der Mauer blühte eine Monatsrose in reicher Fülle, und feierlich tönte der Gesang der Mönche aus dem Kapuzinerkloster zu mir herüber, just aus dem Kloster, wohin ich die Kindheit des »Improvisators« verlegt hatte.

Ich besuchte erneut Kirchen und Galerien und sah alle Kunstschätze wieder, ich traf viele alte Freunde und verbrachte wiederum einen Weihnachtsabend, wenn auch nicht festlich wie das erstemal [...]. Aber ich war nicht nur körperlich krank, es lag in mir, aber auch in der Luft. Hier waren nicht die Ruhe, die Frische, die ich das erstemal fand. Die Erde bebte, der Tiber trat bis in die Straßen hinein, man mußte in Booten fahren, und das Fieber raffte viele Menschen hinweg. In wenigen Tagen verlor auf diese Weise der Fürst Borghese seine Gattin und drei Söhne. Es regnete und stürmte fortwährend, es war wahrlich nicht gemütlich. An manchem Abend saß ich in meiner großen Wohnstube, durch Fenster und Türen zog es, dünne Reisige flammten im Kamin, die Hitze verbrannte meine eine Seite, während ich auf meiner anderen die kalte Luft fühlte. Oft genug saß ich im Mantel und mit warmen Reisestiefeln innerhalb der vier Wände. Zum Überfluß hatte ich Nächte und Wochen die schrecklichsten Zahnschmerzen, über die ich später in der Erzählung »Meine Stiefel« zu scherzen versucht habe.

Das kleine Mädchen mit den Schwefelhölzchen

Es war entsetzlich kalt; es schneite und war beinahe schon ganz dunkel und Abend, der letzte Abend des Jahres.

In dieser Kälte und Finsternis ging auf der Straße ein kleines, armes Mädchen, mit bloßem Kopfe und nackten Füßen. Als sie das Haus verließ, hatte sie freilich Pantoffeln angehabt: aber was half das? Es waren sehr große Pantoffeln gewesen, die ihre Mutter bisher benutzt hatte, so groß waren sie. Die Kleine aber verlor dieselben, als sie über die Straße weghuschte, weil zwei Wagen schrecklich schnell vorüberrollten. Der eine Pantoffel war nicht wiederzufinden, den andern hatte ein Junge erwischt und lief damit fort; er meinte, er könne ihn recht gut als Wiege benutzen, wenn er selbst erst Kinder hätte.

Da ging nun das kleine Mädchen mit den kleinen, nackten Füßen, die ganz rot und blau vor Kälte waren. In einer alten Schürze trug sie eine Menge Schwefelhölzer und ein Bund davon in der Hand. Niemand hatte den ganzen langen Tag ihr etwas abgekauft, niemand ihr einen Pfennig geschenkt.

Zitternd vor Kälte und Hunger schlich sie einher, ein Bild des Jammers, die arme Kleine!

Die Schneeflocken bedeckten ihr langes, blondes Haar, welches in schönen Locken um den Hals fiel; aber daran dachte sie nun freilich nicht.

Aus allen Fenstern glänzten die Lichter, und es roch ganz herrlich nach Gänsebraten: es war ja Sylvesterabend. Ja, daran dachte sie!

In einem Winkel, von zwei Häusern gebildet, von denen das eine etwas mehr vorsprang als das andere, setzte sie sich hin und kauerte sich zusammen. Die kleinen Füße hatte sie an sich gezogen; aber es fror sie noch mehr, und nach Hause zu gehen wagte sie nicht: sie hatte ja keine Schwefelhölzchen verkauft und brachte keinen Pfennig Geld.

Von ihrem Vater würde sie gewiß Schläge bekommen, und zu Hause war es auch kalt; über sich hatten sie nur das Dach, durch welches der Wind pfiff, wenn auch die größten Spalten mit Stroh und Lumpen zugestopft waren.

Ihre kleinen Hände waren beinahe vor Kälte erstarrt.

Ach! Ein Schwefelhölzchen konnte ihr gar wohltun, wenn sie nur ein einziges aus dem Bunde herausziehen, es an die Wand streichen und sich die Finger erwärmen dürfte.

Sie zog eins heraus. Rrscht! Wie sprühte, wie brannte es! Es war eine warme, helle Flamme, wie ein Lichtchen, als sie die Hände darüberhielt; es war ein wunderbares Lichtchen! Es schien wirklich dem kleinen Mädchen, als säße sie vor einem großen, eisernen Ofen mit polierten Messingfüßen und einem messingenen Aufsatze. Das Feuer brannte so gesegnet, es wärmte so schön; die Kleine streckte schon die Füße aus, um auch diese zu wärmen; – doch – da erlosch das Flämmchen, der Ofen verschwand, sie hatte nur noch die kleinen Überreste des abgebrannten Schwefelhölzchens in der Hand.

Ein zweites wurde an der Wand abgestrichen; es leuchtete, und wo der Schein auf die Mauer fiel, wurde diese durchsichtig wie ein Schleier: sie konnte in das Zimmer hineinsehen.

Auf dem Tische war ein schneeweißes Tischtuch ausgebreitet, darauf stand glänzendes Porzellangeschirr, und herrlich dampfte die gebratene Gans, mit Äpfeln und getrockneten Pflaumen gefüllt. Und was noch prächtiger anzusehen war: die Gans hüpfte von der Schüssel herunter und wackelte auf dem Fußboden, Messer und Gabel in der Brust, bis zu dem armen Mädchen hin.

Da erlosch das Schwefelhölzchen, und es blieb nur die dicke feuchtkalte Mauer zurück.

Sie zündete noch ein Hölzchen an. Da saß sie nun unter dem herrlichsten Christbaume; er war noch größer und geputzter als der, den sie durch die Glastüre bei dem reichen Kaufmanne gesehen hatte. Tausende von Lichterchen brannten auf den grünen Zweigen, und bunte Bilder, wie sie an Schaufenstern zu sehen waren, blickten auf sie herab. Die Kleine streckte ihre Hände danach aus: da erlosch das Schwefelhölzchen.

Die Weihnachtslichter stiegen höher und höher; sie sah sie jetzt als Sterne am Himmel; einer davon fiel herunter und bildete einen langen Feuerstreifen.

»Jetzt stirbt jemand!« dachte das kleine Mädchen, denn ihre alte Großmutter, die einzige, die sie liebgehabt hatte und die jetzt gestorben war, hatte ihr erzählt, daß, wenn ein Stern herunterfällt, eine Seele zu Gott emporsteigt.

Sie strich wieder ein Hölzchen an der Mauer ab, es wurde wieder hell, und in dem Glanze stand die alte Großmutter so klar und schimmernd, so mild und liebevoll.

»Großmutter!« rief die Kleine. »Oh! nimm mich mit! Ich weiß, du entfernst dich, wenn das Schwefelhölzchen erlischt; du verschwindest wie der warme Ofen, wie der herrliche Gänsebraten und der große, prächtige Weihnachtsbaum!«

Und sie strich schnell das ganze Bund Schwefelhölzchen, denn sie wollte die Großmutter recht fest halten. Und die Schwefelhölzchen leuchteten mit einem solchen Glanze, daß es heller wurde als mitten am Tage; die Großmutter war nie früher so schön, so groß gewesen; sie nahm das kleine Mädchen auf ihre Arme, und beide flogen in Glanz und Freude so hoch, so hoch; und dort war weder Kälte noch Hunger, noch Angst – sie waren bei Gott.

Aber im Winkel an die Mauer gelehnt, saß in der kalten Morgenstunde das arme Mädchen mit roten Backen und mit lächelndem Munde – erfroren an des alten Jahres letztem Abend.

Die Neujahrssonne ging auf über der kleinen Leiche.

Starr saß das Kind dort mit den Schwefelhölzchen, von denen ein Bund abgebrannt war.

»Sie hat sich erwärmen wollen!« sagte man.

Niemand ahnte, was sie Schönes gesehen hatte, in welchem Glanze sie mit der Großmutter zur Neujahrsfreude eingegangen war.

Weihnachtstage in Berlin

[24. Dezember 1845]

Fast drei Wochen blieb ich in Berlin, und die Zeit schien gleichsam mit jedem Tage schneller zu entfliehen. Aber es strengte mich allzusehr an; ich wurde schließlich körperlich und geistig müde und vermochte erst dann wieder Ruhe zu erlangen, wenn ich auf der Eisenbahn durch die Lande flog.

Und dennoch, mitten in diesem Saus und Braus, in all dem Übermaß von Güte und Interesse für mich, um mir meinen Aufenthalt hier angenehm zu machen, stand ein Abend unbesetzt, leer, ein Abend, an dem ich plötzlich die Einsamkeit in ihrer drückendsten Gestalt empfand: es war der Weihnachtsabend! Gerade an dem Abend, an dem ich mit dem Gemüt des Kindes in den Festglanz schaute, an dem ich einen Weihnachtsbaum betrachtete, mich an der Freude der Kinder erfreute und sah, wie die Eltern wieder Kinder werden – gerade an diesem Abend saß ich einsam in meinem Zimmer im Hotel und dachte an die Heimat in Kopenhagen. – Jenny Lind [berühmte schwedische Sängerin] war in Berlin, Meyerbeer hatte, wie er mir früher gesagt, es durchgesetzt, daß sie hier auftrat, gehuldigt und bewundert wurde; überall ertönte ihr Lob, nicht allein das der Künstlerin, sondern auch das des Weibes, beide vereinigt, erweckten eine Begeisterung, einen Enthusiasmus, daß man das Theater förmlich bestürmte, wenn sie sang. – Es war längst meine herrlichste Phantasie gewesen, mir einen Weihnachtsabend bei ihr verbracht zu denken; ich war überzeugt davon, daß, wenn ich zu dieser Zeit in Berlin sei, ich diesen Festabend in ihrer Gesellschaft verbringen würde. Diese Phantasie wurde bei mir zu einer solchen Überzeugung, daß ich alle Einladungen meiner Freunde in Berlin ausschlug, und als dann der Abend kam, war ich von Jenny Lind nicht eingeladen worden.

In meiner Einsamkeit fühlte ich mich so verlassen, öffnete das Fenster und sah zum Sternenhimmel empor: er war mein Weihnachtsbaum! Ich war so weichen Gemüts, daß andere es vielleicht sentimental genannt hätten haben würden. Jene kennen den Namen, ich kenne die Stimmung.

Am Morgen darauf war ich ärgerlich, kindlich ärgerlich über meinen verlorenen Weihnachtsabend. – Ich erzählte Jenny Lind, wie traurig ich diesen verbracht habe. »Ich glaubte, Sie würden bei Prinzen und Prinzessinnen sein!« erwiderte sie. Da erzählte ich ihr, daß ich alle Einladungen ausgeschlagen hatte, um bei ihr zu sein, und daß ich mich darauf bereits seit langer, langer Zeit gefreut hatte, ja, gerade des Weihnachtens wegen nach Berlin gekommen sei.

»Kind!« sagte sie lächelnd, strich mit ihrer Hand über meine Stirn, lachte mich aus und sagte: »Das konnte mir niemals einfallen; ich war außerdem ausgebeten [eingeladen]. Aber nun müssen wir den Weihnachtsabend nachholen, denn nun muß ich den Christbaum für das Kind anzünden! Am Sylvesterabend brennt der Weihnachtsbaum bei mir!« Und gerade am letzten Abend des Jahres erglänzte für mich bei ihr ein kleiner, schön ausgeputzter Baum. Jenny Lind, ihre Begleiterin und ich bildeten den ganzen Kreis. Wir drei Kinder des Nordens waren am Sylvesterabend versammelt. Ich war das Kind, für das der Baum angezündet war. Es war wie in dem Kinderspiele »Es kommen Fremde«, und es ging an diesem Abend wie bei großer Gesellschaft zu, erst Tee, dann Eis und endlich das Souper. Jenny Lind sang eine große Arie und einige schwedische Lieder. Es war eine ganz festliche Soiree, und ich bekam alle Christgeschenke. Unser stiller, festlicher Abend wurde bekannt und darüber in den Zeitungen berichtet. »Die beiden Kinder des Nordens, Jenny Lind und Andersen«, hieß es ungefähr.

Freitag, 26. Dezember [1845]

Draußen bei Jenny, die einen Weihnachtsbaum hatte. Verehrte mir Seife in Form eines Käsestücks und Eau de Cologne. War so gütig, tätschelte mich, nannte mich ein Kind. Wir fuhren zusammen zu Madame Birch-Pfeiffer [Schauspielerin und Modeschriftstellerin], von der sie sagte, daß sie zu ihr wie eine Mutter sei. Sie erzählte mir im Wagen, daß sie wohl nie mehr nach Schweden zurückgehe, daß ihre Verhältnisse dort so schrecklich seien, daß sie möglicherweise nach Hamburg ziehen und dort bei Arnemanns bleiben würde, daß sie sich in Deutschland so heimisch fühle. Madame Birch-Pfeiffer kannte nicht das geringste von meinen Büchern. Allmählich wurde sie netter. Jenny sagte ihr, daß ich ein so guter Mensch und für sie wie ein Bruder sei.

Als ich nach Hause kam, fand ich des Königs Einladung zu einem Diner auf dem Schloß vor. Ich mußte Rauch absagen, wo ich zum Essen eingeladen war. Um 3 Uhr fuhr ich mit einem Diener zum Schloß, wo mich Kammerherr Hofmarschall von Meyerinck empfing! – Der König war sehr gnädig, sprach viel über meinen Roman »Nur ein Geiger«, sagte, daß er in Kopenhagen sofort nach mir gefragt habe. Meine Märchen kannte er nicht. Die Königin bedauerte die Krankheit unserer Kronprinzessin, sprach herzlich von den Majestäten usw. – Bei der Tafel saß ich zwischen Humboldt und dem Hofmarschall. Der König fragte mich nach Bissen [dänischer Bildhauer]. Nach der Tafel sprachen er und die Königin wieder lange mit mir, und der König bat mich, ihn zu besuchen, wenn ich wieder in Berlin wäre. – Einer aus dem Norden und mehrere andere Herren begrüßten mich. –

Begab mich am Abend zu Fräulein Frommann, wo große Gesellschaft war. Der Weihnachtsbaum brannte, und ich las Märchen. Um 9 Uhr begab ich mich zu Olfers [Generaldirektor der Berliner Museen], wo auch ein Weihnachtsbaum war und wo ich Varnhagen von Ense, Rauch und den Bildhauer Tieck traf.

An Edvard Collin

[Berlin, 27. Dezember 1845]

An diesem Weihnachtsfest sind meine Märchen über ganz Berlin geflattert, überall sehe ich sie ausgelegt. [...] Es stimmt mich froh, wenn mir Rauch um den Hals fällt und sagt: »Ihre Märchen sind unsterblich!«

[Dezember 1845]

Während meines Aufenthalts in Berlin wurde mir das Glück zuteil, mehrmals von der Prinzessin von Preußen [Augusta, Gattin des späteren Kaisers Wilhelm I.], Schwester des jetzt regierenden Großherzogs von Weimar, empfangen zu werden. Sie wohnte so heimisch und doch wie in einem Feenpalast. Der blühende Wintergarten, wo die Quelle zwischen dem Moos vor den Füßen der Statue plätscherte, führte zu dem Zimmer, wo die freundlichen Kinder und die geistvolle und herzliche Fürstin mich oft empfing. Eines Vormittags las ich bei ihr ein paar meiner Märchen vor, ihr königlicher Gemahl hörte zu, auch »Semilassos« Verfasser, Fürst Pückler-Muskau, war anwesend.

Ein schönes, in Sammet gebundenes Album, auf dessen erstem Blatt das Bild des Palaisflügels, wo ich gewesen war, sich befand und mit dem eigenhändig geschriebenen Namen der Prinzessin versehen, schenkte sie mir zur Erinnerung beim Abschiede. Es ist nicht bloß das Gegebene, was eine Bedeutung erlangt, sondern die Art und Weise, wie es gegeben wird, ist es, die der Gabe den Wert verleiht.

Gleich nach meiner Ankunft in Berlin genoß ich die Ehre, zur königlichen Tafel angesagt zu werden. Man gab mir den Platz neben Humboldt, den ich am besten kannte, und nicht bloß durch seine geistige Bedeutung und sein liebenswürdiges gerades Wesen, sondern durch sein unendliches Wohlwollen gegen mich wurde er mir so teuer. Der König empfing mich höchst gnädig, sagte mir, daß er während seines Aufenthalts in Kopenhagen nach mir gefragt und gehört habe, daß ich verreist gewesen sei; er äußerte sein großes Interesse für meinen Roman »Nur ein Geiger« und fügte hinzu, daß er, nachdem er dieses Buch gelesen, stets an den armen Christian denken müsse, sobald er einen Storch gewahre; die Episode mit dem Tode des Storches habe ihn tief gerührt; ebenso sprach sich die Königin mit derselben Milde und Gnade aus.

Später hatte ich das Glück, eines Abends nach dem Schlosse in Potsdam eingeladen zu werden, ein Abend, der für mich so inhaltreich und unvergeßlich war. Hier waren mit Ausnahme der zwei diensttuenden Hofdamen und Kammerherren nur der König, die Königin, Humboldt und ich anwesend; an demselben kleinen Tisch, wo sie saßen, erhielt auch ich meinen Platz – gerade denselben, bemerkte die Königin, wo Oehlenschläger gesessen und seine Tragödie »Dina« vorgelesen hatte. Ich las vier Märchen vor: »Der Tannenbaum«, »Das häßliche junge Entelein«, »Das Liebespaar« und »Der Schweinehirt«. Der König war sehr lebhaft, sehr teilnehmend und sprach sich geistvoll aus, erzählte auch, wie schön er die dänische Waldnatur gefunden habe und wie vortrefflich die Aufführung von Holbergs »Politischem Kannegießer« in Kopenhagen gewesen sei. Es war in diesem Kreise so gemütlich, milde Augen blickten auf mich, und ich fühlte, daß man gut, ja viel zu gut gegen mich sei. Als ich in der Nacht mich wieder in meiner Stube befand, waren meine Gedanken von diesem Abend so erfüllt, mein Gemüt so bewegt, daß ich nicht zu schlafen vermochte: Alles erschien mir so märchenhaft. Die ganze Nacht hindurch erklang das Glockenspiel des Turmes, die lebhafte Musik schloß sich an meine Gedanken. Im Glück wird man gut und fromm.

Ein alter dänischer Weihnachtsbrauch

Eine Meile von der Hauptstadt entfernt stand ein alter Herrenhof mit dicken Mauern, Türmen und gezacktem Giebel.

Hier wohnte, aber nur in der Sommerszeit, eine reiche, hochadlige Herrschaft; dieser Hof war der beste und schönste von all den Höfen, die sie besaß; er war von außen wie neugegossen, und innen war Behaglichkeit und Bequemlichkeit. Das Wappen des Geschlechts war über der Tür in Stein gehauen, herrliche Rosen wanden sich um Wappen und Erker, ein ganzer Rasenteppich breitete sich vor dem Hof aus; dort standen Rotdorn und Weißdorn, es gab seltene Blumen, selbst außerhalb des Treibhauses.

Die Herrschaft hatte aber auch einen tüchtigen Gärtner; es war eine Lust, den Blumengarten, Obst- und Gemüsegarten zu sehen. Daneben war noch ein Rest von dem ursprünglichen alten Garten des Hofes mit einigen Buchsbaumhecken, so beschnitten, daß sie Kronen und Pyramiden bildeten. Dahinter standen zwei mächtige alte Bäume; die waren fast immer kahl, und man konnte leicht glauben, daß ein Sturmwind oder eine Windhose sie mit großen Mistklumpen überstreut hätte, aber jeder Klumpen war ein Vogelnest. [...]

Im Herbst wütete ein entsetzlicher Sturm; er nahm in der Nacht noch zu, so gewaltig, daß viele große Bäume am Rand des Waldes mit der Wurzel ausgerissen wurden, und zum großen Kummer der Herrschaft - Kummer nannte sie es -, aber zur Freude des Gärtners wurden die beiden großen Bäume mit all den Vogelnestern umgeblasen. [...]

Der Gärtner sagte nichts, aber er dachte nun an das, woran er schon lange gedacht hatte; den prächtigen Sonnenplatz, über den er vorher nicht verfügte, so recht auszunutzen; er sollte ein Schmuck des Gartens und zur Freude der Herrschaft werden. [...]

An Stelle der beiden alten blattlosen Bäume wurde eine hohe Fahnenstange errichtet, an welcher der Danebrog wehte, und dicht dabei noch eine Stange, an welcher sich zur Sommers- und Herbstzeit Hopfenranken mit ihren duftenden Blütenkugeln emporwanden, wo aber im Winter nach altem Brauch eine Hafergarbe aufgehängt wurde, damit die Vögel des Himmels in der frohen Weihnachtszeit ihre Mahlzeit halten konnten.

»Der gute Larsen wird in seinen alten Tagen sentimental!« sagte die Herrschaft. »Aber er ist uns treu und ergeben!«

Zu Neujahr erschien in einem der illustrierten Blätter der Hauptstadt ein Bild des alten Hofes; man sah die Fahnenstange und die Hafergarbe für die Vögel des Himmels zur frohen Weihnachtszeit, und es wurde besprochen und als ein hübscher Gedanke hervorgehoben, daß hier ein alter Brauch zu neuem Recht und Ehren gebracht worden sei.

An den Großherzog Carl Alexander von Sachsen-Weimar-Eisenach

Kopenhagen 9. Dezember 1847

Mein lieber, teurer Erbgroßherzog!

Lange, lange habe ich nicht geschrieben, aber Eure Königliche Hoheit werden bald sehen, wie fest und innig Sie mir im Herzen sind; ich habe mir immer wegen meines Aufschiebens Vorwürfe gemacht, ich weiß ja, daß ich in allen Stimmungen an Sie schreiben, mein Denken und Fühlen aussprechen darf, und doch – ich konnte nicht!!

Ganz Kopenhagen hat an der Grippe gelitten, einzelne sind so gar gestorben [...]; ich habe auch etwas davon gefühlt, doch ohne mich in die Stube einzumauern, aber mein Humor, meine ganze Stimmung ist so kränklich gewesen wie seit vielen Jahren nicht; eine Reizbarkeit und Schwermut, die gar nicht in den Verhältnissen, aber sicher nur im Körper und in dem ewigen schlechten nassen Wetter lag, grau in grau alle Tage, drückte mich zu Boden; ich bin jetzt noch tagelang in einer Stimmung, daß ich weinen könnte und beinahe selbst an den besten Freunden zweifeln möchte; in dieser Stimmung konnte ich an niemand schreiben. So sind lange Wochen hingegangen, in welchen ich gar nicht arbeiten konnte und selbst gerne alles vermeiden wollte, aber in einzelnen Stunden regte sich dann wieder so eine Fülle von Produktivität, daß ich ein kleines Märchenbuch für England geschrieben und nach London abgesandt habe, und Weihnachten kommt mein »Chrismas flowers«, Charles Dickens dediziert, heraus.

Die Gesamtausgabe meiner Schriften im Deutschen wird Weihnachten geschlossen, und die zwei letzten Bände werden »Ahasverus« bringen [...].

Weihnachten gehe ich vier Tage auf das Land zu unserm Finanzminister Moltke und dann wieder nach Kopenhagen. Und nun, mein teurer lieber Erbgroßherzog, meinen besten Gruß! Bringen Sie mich in gnädigste Erinnerung bei der hohen Frau Erbgroßherzogin und den hohen Eltern.

Kopenhagen 16. Dezember 1847

Mein lieber, teurer Erbgroßherzog!
Als Weihnachtsgruß schicke ich Eur. Königl. Hoheit das Original des »Ahasverus«, mit der dänischen

Dedikation. Ich bin heute von Zahnschmerz sehr leidend. Darum nur diese Worte!

Kopenhagen 13. Januar 1848

Mein teurer Erbgroßherzog!
Als Neujahrs-Gruß habe ich Euer Königl. Hoheit liebes Brieflein empfangen! Sie sind immer so herzensgut, gleich beim Empfang des »Ahasverus« haben Sie geschrieben; jetzt bringe ich meinen Gruß, so warm und treu, wie ein Herz ihn nur bringen kann, Gott erhalte Sie, teurer, lieber Freund! [...]

Ich komme eben vom Lande, Weihnachten habe ich bei dem Finanzminister Moltke zugebracht, es sind liebenswürdige Leute; wir waren gewöhnlich jeden Mittage 33 zu Tische und bei einem großen Ball mehr als zweihundert; es wechselte mit Bällen, Komödien und Jagdpartien, es war wie in einem Weihnachtsmärchen in den Tannenwäldern: Schnee, Grünes und Sonnenschein. [...]

Wir liegen alle wie eingefroren, die Posten kommen nicht mehr regelmäßig; der »große Belt« ist mit Treibeis bedeckt; alles friert, wir erwarten, daß der Sund bald eine Eisbrücke wird und die Schweden zu Fuß und auf Schlitten Visite machen; wundervolle

Nordlichter blitzen in der Nacht, blaue und rote Flammen leuchten den Himmel entlang, aber der Tag ist kurz, man kommt fast vom Bette zum Mittagstische.

Kopenhagen 21. Dezember 1850

Mein lieber, teurer Erbgroßherzog!

Weihnachten nähert sich, das kindliche, glückliche Weihnachtsfest; in allen Häusern schmückt man die Bäume; auch in dem großherzoglichen Schloß zu Weimar steht der Christbaum, dann herrscht die Freude bei klein und groß an diesem schönsten Märchen-Abend des Jahres; diesem auch für die Großen echten Kinder-Abend. Dank für Ihre Freundschaft in dem alten Jahre; möge das neue sich hell und glücklich für uns alle gestalten. [...]

In diesem Jahre werde ich, zum ersten Male in vielen Jahren, die Weihnachtszeit in Kopenhagen zubringen; früher verlebte ich zu der Zeit acht buntwechselnde schöne Tage beim Grafen Moltke auf Bregentved; jetzt ist da ein Trauerhaus. Ein Sohn, der als freiwilliger Husar diente, ist im Lazarette an Typhus gestorben; er war ein herzlich guter Sohn, ein lieber Junge, bei den Weihnachtsfröhlichkeiten der Fröhlichste.

Von dem Weihnachtsbaum in Kopenhagen fliegen meine Gedanken nach dem Schlosse in Weimar, wo glückliche Kinder, glückliche Eltern und Großeltern sich um den Christbaum sammeln. Gott segne und erfreue Sie alle!

Weihnachten und Jahreswechsel auf »Basnæs«

Dienstag, 25. [Dezember 1860] Schrieb das Märchen »Zwölf mit der Post«, zu dem mir gestern abend die Idee einfiel. Besuch von Pächter Wiehe; ging ein wenig im Schnee. Die Weihnachtsfreude wie in alter Zeit ist verschwunden. Abends wird »Tauschen« gespielt. Man fand Gefallen daran, zu mogeln, und als das nicht erlaubt wurde, geriet man in Zorn. Ich las »Der Wind erzählt« und las es gut, doch es verwehte ohne Eindruck. Leutnant Jürgensen las eine englische Übersetzung, »Wie man einen Sonnenstrahl fängt«. Ich ging verstimmt und schläfrig zu Bett.

Mittwoch, 26. Häßlich von einer Katze geträumt, die mich kratzte. Brief an Frau Serre geschrieben. Schleppe den Tag hin, ohne Weihnachtsstimmung, ohne frischen Mut. Das Wetter ist grau, verschlafen;

ich habe Halsschmerzen. Übersetze immer noch an »Dinorah«.

Donnerstag, 27. Habe übersetzt; ein Lied zu Vater Collins Geburtstag am 6. Januar geschrieben. »Joseph Rushbrook« von Marryat gelesen. Abends wurden Zettel geschrieben, schrecklich langweilig. Ich war wie gerädert, dumm und platt, ging verärgert ins Bett.

Freitag, 28. Herrlicher Rauhreif; die Bäume wie weiße Korallen; die Birkenzweige bewegten sich im Wind. Den ersten Akt der Übersetzung von »Dinorah« beendet. Abends waren wir alle bei Fabricius, wo ich 3 Märchen und den ersten Akt von »Dinorah« vorlas. Es war recht munter dort. Frau Fabricius trank auf mein Wohl. Der Abend klar und schön. Die Bäume standen rauhreifbedeckt in der blauen Luft. Um 11 Uhr zu Hause.

Sonntag, 30. [...] Ich schrieb ein Märchen »Der Mistkäfer«. Als ich es las, schien es seltsamerweise auf vieles zu passen, woran ich während der Niederschrift nicht gedacht hatte. [...]

Montag, 31. Schrieb den ganzen Tag Briefe, die doch nicht auf den Weg kamen: an den Großherzog in Weimar, Frau von Eisendecher und Jules Jürgensen in Le Locle. Das Wetter kalt und klar. [...] Kribbelnder Frost unter der Fußsohle. Lucie recht munter. Sie hatte eine Lotterie gemacht. Ich gewann ein kleines blaues Glas. Wir bekamen schon um 10 Uhr Punsch, um auf das Jahr anzustoßen, und bekamen um 12 Uhr also nichts. – Das war ein etwas flauer Übergang ins neue Jahr, ich war deshalb verstimmt. Heute schrieb ich ein Märchen »Der Schneemann«.

Der Schneemann

»Es knackt tüchtig in mir, so herrlich kalt ist es!« sagte der Schneemann. »Der Wind kann einem freilich Leben einblasen. Und wie die Glühende dort glotzt!« – Er meinte die Sonne, die eben untergehen wollte. »Sie soll mich nicht zum Blinzeln bringen, ich kann die Brocken schon noch festhalten.«

Er hatte nämlich statt der Augen zwei große dreieckige Dachziegelbrocken, der Mund war ein Stück von einer alten Harke, deshalb hatte er auch Zähne.

Er war unter den Jubelrufen der Knaben geboren, begrüßt von Schellengeläut und Peitschenknall der Schlitten.

Die Sonne ging unter, der Vollmond ging auf, rund und groß, klar und schön in der blauen Luft.

»Da haben wir sie wieder von einer anderen Seite!« sagte der Schneemann. Er glaubte, es sei die Sonne, die sich wieder zeigte. »Ich habe ihr das

Glotzen abgewöhnt! Nun kann sie dort hängen und leuchten, damit ich mich selbst sehen kann. Wüßte ich nur, wie man es anstellt, um von der Stelle zu kommen! Ich möchte mich gar zu gern bewegen! Wenn ich es könnte, dann würde ich dort unten auf dem Eis gleiten, wie ich es die Knaben tun sah; aber ich verstehe nichts vom Laufen.«

»Weg! Weg!« bellte der alte Kettenhund; er war etwas heiser, das war er geworden, als er Stubenhund war und unter dem Ofen lag. »Die Sonne wird dich schon laufen lehren! Das habe ich bei deinem Vorgänger im vorigen Jahr und bei dessen Vorgänger auch gesehen. Weg, weg und weg sind sie alle!«

»Ich verstehe dich nicht, Kamerad«, sagte der Schneemann, »soll die dort oben mich laufen lehren?« Er meinte den Mond. »Ja, sie lief freilich vorhin, als ich sie fest ansah, nun schleicht sie von einer anderen Seite heran.«

»Du weißt auch gar nichts!« sagte der Kettenhund, »aber du bist ja auch eben erst zusammengeklatscht worden. Was du nun siehst, heißt Mond, das, was fortging, war die Sonne, sie kommt morgen wieder, sie wird dich schon lehren, in den Wallgraben hinabzulaufen. Wir bekommen bald anderes Wetter, das spüre ich in meinem linken Hinterbein, es reißt darin. Das Wetter schlägt um!«

»Ich verstehe ihn nicht«, sagte der Schneemann, »aber ich habe das Gefühl, daß es etwas Unangenehmes ist, was er mir sagt. Sie, die so glotzte und sich dann davonmachte, die Sonne, wie er sie nennt, sie ist auch nicht meine Freundin, das habe ich im Gefühl!«

»Weg, weg!« bellte der Kettenhund, ging dreimal um sich selbst herum und legte sich dann in seine Hütte, um zu schlafen.

Das Wetter änderte sich wirklich! Dicker, feuchter Nebel lag gegen Morgen über der ganzen Gegend; als es Tag wurde, begann es zu wehen; der Wind war so eisig, der Frost packte ordentlich zu, aber was war das für ein Anblick, als die Sonne aufging! Alle Bäume und Büsche waren mit Rauhreif bedeckt; es sah aus wie ein Wald von weißen Korallen, es war, als ob alle Zweige mit strahlend weißen Blüten übersät wären. Die unendlich vielen und feinen Verästelungen, die man im Sommer unter all den Blättern nicht sieht, kamen nun alle einzeln hervor; es war ein Spitzengewebe und so leuchtend weiß, als ströme ein weißer Glanz aus jedem Zweig. Die Hängebirke bewegte sich im Winde, es war Leben in ihr wie in allen Bäumen zur Sommerszeit; es war eine unvergleichliche Pracht! Und als dann die Sonne schien, nein, wie funkelte da das Ganze, als ob es mit Diamantenstaub überpudert wäre, und auf der Schneedecke des Erdbodens glitzerten die große Diamanten, oder man konnte auch glauben, daß dort unzählige kleine Lichter brannten, weißer als der weiße Schnee.

»Das ist unvergleichlich schön!« sagte ein junges Mädchen, das mit einem jungen Mann in den Garten trat und gerade beim Schneemann stehenblieb, wo sie die flimmernden Bäume betrachteten. »Einen schöneren Anblick hat man selbst im Sommer nicht«, sagte sie, und ihre Augen strahlten.

»Und so einen Kerl wie diesen hier hat man im Sommer erst recht nicht«, sagte der junge Mann und zeigte auf den Schneemann. »Er ist ausgezeichnet!«

Das junge Mädchen lachte, nickte dem Schneemann zu und tanzte mit ihrem Freund über den Schnee, der unter ihnen knirschte, als gingen sie auf Stärkemehl.

»Wer waren die beiden?« fragte der Schneemann

den Kettenhund, »du bist länger auf dem Hof als ich, kennst du sie?«

»Versteht sich!« sagte der Kettenhund. »Sie hat mich ja gestreichelt, und er hat mir einen Knochen gegeben; die beiße ich nicht.«

»Aber was stellen sie hier vor?« fragte der Schneemann.

»Brrr-rautleute!« sagte der Kettenhund. »Sie werden in eine Hütte ziehen und zusammen am Knochen nagen. Weg! Weg!«

»Haben die beiden ebensoviel zu bedeuten wie du und ich?« fragte der Schneemann.

»Sie gehören ja zur Herrschaft!« sagte der Kettenhund, »man weiß wirklich ungemein wenig, wenn man gestern erst geboren ist; das merke ich an dir! Ich habe Alter und Kenntnisse, ich kenne alle hier im Hause! Und ich habe eine Zeit gekannt, wo ich nicht hier in der Kälte und an der Kette lag. Weg! Weg!«

»Die Kälte ist herrlich«, sagte der Schneemann. »Erzähle, erzähle! Aber du darfst nicht so mit der Kette rasseln, denn dabei knackt es in mir.«

»Weg! Weg!« bellte der Kettenhund. »Ein Hündchen bin ich gewesen, klein und niedlich, sagten sie; damals lag ich in einem Samtstuhl drinnen im

Hause, lag auf dem Schoß der obersten Herrschaft; sie küßten mich auf die Schnauze und wischten mir die Pfoten mit einem gestickten Taschentuch ab; ich hieß ›Schönster‹, ›Pusselpusselbeinchen‹, aber dann wurde ich ihnen zu groß; sie schenkten mich der Haushälterin; ich kam in die Kellerwohnung! Du kannst hineinsehen von dort aus, wo du stehst; du kannst in die Kammer sehen, wo ich Herrschaft gewesen bin, denn das war ich bei der Haushälterin. Es war zwar ein geringerer Ort als oben, aber hier war es gemütlicher, ich wurde nicht von den Kindern gedrückt und herumgeschleppt wie oben. Ich bekam ebenso gutes Futter wie früher und viel mehr! Ich hatte mein eigenes Kissen, und dann war da ein Ofen, der um diese Zeit das Schönste von der Welt ist! Ich kroch ganz darunter, so daß ich verschwunden war. Ach, von dem Ofen träume ich noch. Weg! Weg!«

»Sieht denn ein Ofen so schön aus?« fragte der Schneemann. »Hat er Ähnlichkeit mit mir?«

»Er ist gerade das Gegenteil von dir! Kohlschwarz ist er, hat einen langen Hals mit Messingtrommel. Er frißt Brennholz, daß ihm das Feuer aus dem Mund sprüht. Man muß sich an seiner Seite halten, ganz nahe oder unter ihm, das ist äußerst angenehm. Du mußt ihn durch das Fenster sehen können, von dort aus, wo du stehst.«

Und der Schneemann guckte, und wirklich sah er einen schwarzen, blankpolierten Gegenstand mit Messingtrommel; das Feuer leuchtete unten heraus. Dem Schneemann wurde ganz wunderlich zumute; er hatte ein Gefühl, über das er sich selbst keine Rechenschaft ablegen konnte; es kam etwas über ihn, das er nicht kannte, das aber alle Menschen kennen, wenn sie nicht Schneemänner sind.

»Und warum hast du sie verlassen?« fragte der Schneemann. Er hatte die Empfindung, daß es ein weibliches Wesen sein mußte. »Wie konntest du nur einen solchen Ort verlassen?«

»Ich bin dazu gezwungen worden!« sagte der Kettenhund. »Sie warfen mich hinaus und legten mich hier an die Kette an. Ich hatte den jüngsten Junker ins Bein gebissen, weil er mir den Knochen wegstieß, an dem ich nagte; Knochen um Knochen, denke ich! Aber das nahmen sie übel, und von der Zeit an habe ich an der Kette gelegen und habe meine klare Stimme verloren, hör nur, wie heiser ich bin: Weg! Weg! Das war das Ende vom Lied!«

Der Schneemann hörte nicht mehr zu; er sah immerfort in die Kellerwohnung der Haushälterin, in ihre Stube, wo der Ofen auf seinen vier eisernen Beinen stand und ebensogroß war wie der Schneemann.

»Es knackt so seltsam in mir!« sagte er. »Soll ich niemals dort hineinkommen? Es ist doch ein unschuldiger Wunsch, und unsere unschuldigen Wünsche werden gewiß in Erfüllung gehen. Es ist mein höchster, mein einziger Wunsch, und es wäre fast ungerecht, wenn er nicht erfüllt würde. Ich muß dort hinein, ich muß mich an sie lehnen, und wenn ich auch das Fenster zerschlagen sollte!«

»Dort kommst du niemals hinein«, sagte der Kettenhund, »und kommst du an den Ofen, dann bist du weg, weg!«

»Ich bin schon so gut wie weg!« sagte der Schneemann, »ich breche zusammen, glaube ich.«

Den ganzen Tag stand der Schneemann da und guckte zum Fenster hinein; in der Dämmerstunde wurde die Stube noch einladender; vom Ofen her leuchtete es so mild, nicht wie der Mond und auch nicht wie die Sonne, nein, wie nur der Ofen leuchten kann, wenn er etwas in sich hat. Ging die Tür auf, so schlug die Flamme heraus, das war so ihre Gewohnheit; es glühte ordentlich rot auf in dem weißen Gesicht des Schneemannes, es leuchtete rot über seine Brust.

»Ich halte es nicht mehr aus!« sagte er. »Wie schön es sie kleidet, die Zunge herauszustrecken!«

Die Nacht war sehr lang, aber nicht für den Schneemann, er stand in seine eigenen schönen Gedanken vertieft, und die froren, daß es laut knackte.

Am Morgen waren die Kellerfenster zugefroren, sie trugen die schönsten Eisblumen, die nur ein Schneemann verlangen konnte, aber sie verbargen den Ofen. Die Scheiben wollten nicht auftauen; er konnte »sie« nicht sehen. Es knackte, es knirschte, es war gerade so ein Frostwetter, an dem ein Schneemann seine Freude haben muß, aber er freute sich nicht; er hätte sich so glücklich fühlen können und müssen, aber er war nicht glücklich, er hatte Ofensehnsucht.

»Das ist eine schlimme Krankheit für einen Schneemann«, sagte der Kettenhund, »ich habe auch an der Krankheit gelitten, aber ich habe sie überstanden. Weg! Weg! – Nun bekommen wir anderes Wetter!«

Und es kam anderes Wetter, es gab Tauwetter.

Das Tauwetter nahm zu, der Schneemann nahm ab. Er sagte nichts, er klagte nicht, und das ist das richtige Zeichen.

Eines Morgens brach er zusammen. Es ragte etwas wie ein Besenstiel in die Luft, dort , wo er gestanden hatte, um den Stiel herum hatten die Knaben ihn aufgebaut.

»Nun kann ich das mit seiner Sehnsucht verstehen«, sagte der Kettenhund, »der Schneemann hat einen Feuerhaken im Leibe gehabt! Das ist es, was sich in ihm geregt hat, nun ist es überstanden. Weg! Weg!«

Und bald war auch der Winter überstanden.

»Weg, weg!« bellte der Kettenhund; aber die Mädchen auf dem Hofe sangen:

Waldmeister grün! Hervor aus dem Haus!
Weide, die wollenen Handschuhe aus!
Lerche und Kuckuck, singt fröhlich drein! –
Frühling im Februar wird es sein!
Ich singe mit: Kuckuck! Quivit!
Komm, liebe Sonne, komm oft – quivit!

Und dann denkt niemand mehr an den Schneemann.

Der letzte Traum der alten Eiche

Ein Weihnachtsmärchen

Da stand im Wald, hoch auf dem Abhang an der Meeresküste so eine richtige alte Eiche, die genau dreihundertfünfundsechzig Jahre alt war, aber die lange Zeit war für den Baum nicht mehr als ebenso viele Tage für den Menschen. Wir wachen am Tage, schlafen in der Nacht und haben dann unsere Träume; mit dem Baum ist es anders, er durchwacht die drei Jahreszeiten, erst gegen den Winter findet er seinen Schlaf, der Winter ist seine Ruhezeit, er ist seine Nacht nach dem langen Tag, der Frühling, Sommer und Herbst heißt. [...]

Schon sangen die Stürme: »Gute Nacht, gute Nacht! Hier fiel ein Blatt, dort fiel ein Blatt. Wir pflücken, wir pflücken! Sieh zu, daß du schlafen kannst! Wir singen dich in Schlaf, wir schütteln dich in Schlaf, aber nicht wahr, es tut wohl in den alten Zweigen! Sie knacken dabei vor lauter Vergnügen! Schlaf süß, schlaf süß! Es ist deine dreihundertfünfundsechzigste Nacht, eigentlich bist doch nur ein Guck-in-die-Welt! Schlaf süß! Die Wolke streut Schnee, das wird ein ganzes Laken, ein warmes Deckbett um deine Füße! Schlaf süß und träume gut!«

Die Eiche war all ihres Laubes entkleidet, um den ganzen langen Winter zu ruhen und manchen Traum zu träumen, immer etwas Erlebtes, wie in den Träumen der Menschen. […]

Es war gerade um die heilige Weihnachtszeit; da träumte der Baum seinen schönsten Traum […], und während er träumte, ging ein gewaltiger Sturm über Land und Meer – in der heiligen Weihnacht; die See wälzte schwere Wogen gegen den Strand, der Baum knarrte, krachte und wurde mit der Wurzel ausgerissen, gerade als er träumte, daß seine Wurzeln sich lösten. Er fiel. Seine dreihundertfünfundsechzig Jahre waren jetzt wie ein Tag der Eintagsfliege.

Am Weihnachtsmorgen, als die Sonne aufging, hatte sich der Sturm gelegt; alle Kirchenglocken läuteten festlich, und aus jedem Schornstein, selbst aus dem kleinsten auf dem Dach des Kätners, erhob sich bläulich der Rauch, wie beim Fest der Druiden der Rauch des Dankopfers vom Altar. Die

See wurde stiller und stiller, und draußen auf einem großen Schiff, das in der Nacht das harte Wetter gut überstanden hatte, wurden nun alle Flaggen gehißt, weihnachtlich und schön.

»Der Baum ist fort! Die alte Eiche, unser Zeichen an der Küste!« sagten die Seeleute. »Er ist in dieser Sturmnacht gefallen! Wer wird ihn ersetzen können? Das kann keiner!«

Eine solche Leichenrede, kurz, aber wohlgemeint, bekam der Baum, der auf der Schneedecke am Ufer hingestreckt lag; und über ihn hin erklang der Choralgesang vom Schiffe, ein Lied von der Weihnachtsfreude und von der Erlösung der Menschenseele in Christo und dem ewigen Leben:

Sing laut zum Himmel, Christenschar:
es ist erfüllt! – Sie ihn gebar,
Der Freud ist ohnegleichen!
  Halleluja! Hallejuja!

So lautete das alte Lied, und jeder auf dem Schiff draußen fühlte sich in seiner Weise durch das Lied und das Gebet erhoben, wie der alte Baum sich erhoben gefühlt hatte in seinem letzten, seinem schönsten Traum in der Weihnachtsnacht.

Weihnachten auf »Holsteinborg«

Weihnachten näherte sich. Ich hatte auf der Reise und später nach der Heimkehr »fleißig« gearbeitet. Zur Weihnachtszeit kam ein Heft neuer Märchen heraus, in dem sich »Die Eisjungfrau«, »Der Schmetterling«, »Psyche« und »Die Schnecke und der Rosenstock« befand. Das Buch dedizierte ich Björnson.

Den Weihnachtsabend verbrachte ich auf Holsteinborg. Von dort schrieb ich Ingemann [dänischer Dichter] folgenden Brief:

Holsteinborg, am Weihnachtstag 1861

Lieber Freund!
Mein Zimmer stößt an die Kirche. Ich kann aus demselben auf die Empore treten. Die Orgel spielt, und Psalmengesang tönt zu mir herein, indem ich diesen Brief schreibe. Hier ist es so weihnachts-

festlich, und gestern abend herrschte Kinderfreude; alle die Kleinen waren so glücklich über den Weihnachtsbaum und dessen Herrlichkeiten. Auch ich hatte meinen Weihnachtstisch mit vielen Sachen, die auf meine Märchen hindeuten: Eine Katze saß auf einem Tintenfaß, ein Kobold tanzte mit einem Federhalter, ein Schmetterling flog in florentinischem Mosaik auf dem Briefbeschwerer, und mein kleines Mädchen mit den Schwefelhölzern hatte sich auch eingefunden.

Ich denke ansonsten viel an meine Weihnachtszeit in der Kindheit. Wie wurde ich da reich beschenkt! Und was erlebte ich nicht alles, obwohl die Stube so klein war und meine Eltern mir keinen Weihnachtsbaum aufstellen konnten. Aber es fehlte niemals die obligate Weihnachtsgrütze nebst dem Gänsebraten und den Pförtchen. Und am Abend standen sogar zwei Kerzen auf dem Tisch.

Jetzt liegt die Erinnerung schon ein halbes Jahrhundert zurück! Und dennoch bewahre ich diese Weihnachtserinnerungen in mir. Wie wunderbar bin ich doch vom Schicksal getragen worden! [...]

Haben Sie Dank für die gemütlichen Tage bei Ihnen und Ihrer Frau. Richten Sie auch Sophie meine

Grüße aus! Sie bekam gewiß bei Ihnen einen geschmückten Weihnachtsbaum. Sie hatte wunderschöne Blumen unten im Kellerraum versteckt, und sie erklärte mir, daß sie für den Weihnachtsabend bestimmt seien.

Gott weiß, ob ich in der nächsten Weihnachtszeit nach Sorø kommen werde. Ich habe in diesem neuen Jahr Lust, nach Spanien zu fliegen. Ich muß zwar allezeit meine Weihnachtsträume haben, aber diese beinhalten auch ein Leben auf Reisen. Meine Gedanken sind in Italien oder Spanien. Das Weihnachtswetter hier ist milde, aber lieber hätte ich klare Luft und schneeweiße Felder. Im vergangenen Jahr hatten wir neben leuchtendem Schnee auch rauhreifüberzogene Bäume. Da dichtete ich den »Schneemann«. Aber in diesem Jahr will meine Muse hier nicht zu mir kommen. Wenn es nur ein gutes und fröhliches Neues Jahr für uns alle wird! Bloß keinen Krieg! Bloß keine Cholera! Frieden und Gesundheit!

Nun leben Sie herzlich wohl!

Ihr immer ergebener

H. C. Andersen

Weihnachtliche Reise von Spanien nach Frankreich

Unser Plan, Weihnachten über in Madrid zu bleiben, wurde nicht realisiert. Das Klima war unerträglich: hier herrschte Regen und Schnee, und das Wetter war noch viel schlimmer, wie es zu dieser Jahreszeit in Dänemark zu sein pflegt. Während einzelner Tage trat eine Veränderung in der Temperatur ein, aber es wehte dann ein trockner Wind, der die Nerven erregte. Es war nicht zum Aushalten; ich mußte fort, hinein nach Frankreich, hinauf nach Dänemark. Aber bei der Abreise an dem kalten Abend, an welchem Schnee fiel, wurde mir warm ums Herz, als die vielen Menschen, die mir mit Wohlwollen entgegengekommen waren und die ich wahrlich liebgewonnen hatte, nun zum Abschiede sich einfanden. [...]

Der Eisenbahnzug brauste von dannen. Es wurde stürmisches Wetter; der Wind heulte und brachte, als wir bei Escorial, wo die Eisenbahn bereits aufhörte, anlangten, einen Schneesturm. Wir wurden in eine enge Diligence hineingesteckt und mußten in derselben bis zum Morgengrauen verbleiben. Einer unserer Mitreisenden stieß mit dem Ellbogen das Fenster ein; der Schnee fegte hinein; ein kleines Kind weinte unaufhörlich; der Wagen drohte umzuschlagen – kurz, es war nicht daran zu denken, Schlaf oder Ruhe zu erlangen, sondern nur Arme und Beine zu brechen.

In San Chidrian kamen wir wieder auf die Eisenbahn; aber der Zug ging erst mehrere Stunden nach unserer Ankunft, wir mußten die Wartezeit in einem kalten, unordentlichen, hölzernen Schauer verbringen. Endlich schlug die Stunde, und um die Mittagszeit des 20. Dezember befanden wir uns in Burgos, wo Spaniens Held, der vielbesungene Cid, gelebt hatte, wo er und seine hochherzige Gattin Zimene in dem Benediktinerkloster San Pedro de Cordoña ruhen. [...]

Collin [Edvard C., Sohn von Jonas Collin, Jurist und Vermögensverwalter von Andersen] und ich wohnten hier in Fonda de la Rafalla. Es war ein hier besonders strenger Winter; die Fenster froren zu, der Schnee stöberte, und man gab uns einen »Brassero« [Kohlenbecken] mit glühenden Holzkohlen. Bevor wir zu Bett gingen, stellten wir denselben vor die Tür; allein diese hing so lose in ihren Angeln und hatte so große Risse, daß der giftige Kohlendampf in unser Zimmer drang. Als ich während der Nacht erwachte, fühlte ich die Einwirkung des Kohlendampfes, und es war mir, als hätte ich eine atembenehmende Kapuze über dem Kopfe. Ich rief nach Collin, er antwortete sonderbar träumend, ich wiederholte meinen Ruf und sagte, daß ich krank sei. Er befand sich noch viel leidender und meinte, der Brassero sei schuld an unserm Zustande. Ich fuhr gleich einem Berauschten aus dem Bett, erreichte schwindelnd die Balkentür und riß sie mit großer Anstrengung auf. Der Schnee fegte zu uns herein, und die kalte, frische Luft half; aber es dauerte länger als eine Stunde, bevor Collin und ich wieder völlig zur Besinnung kamen. Fast wäre die Nacht in Burgos unsere letzte Nacht in dieser Welt gewesen.

Von Burgos führt die Eisenbahn nach Olazagoitia. Hier mußten wir wieder den Postwagen nehmen. Ringsum lag hoher Schnee. Die Nacht war finster und kalt, aber bei Tagesgrauen kamen wir über die Pyrenäen nach San Sebastian, das malerisch an der baskischen Meeresbucht gelegen ist. Hier war noch Winter, aber als wir einige Stunden später am Tage die französische Grenze erreichten, schien die Sonne wie im Frühjahr; die Bäume hatten bereits Knospen, und die Veilchen blühten. Bald erreichten wir Bayonne und verbrachten hier den Weihnachtsabend. Ein Wachsstock, den wir um eine Champagnerflasche gewickelt hatten, wurde als Weihnachtslicht angezündet, und wir leerten für Dänemark und alle unsere Teuren manch Glas.

Weihnachten auf »Basnæs« bei Henriette Scavenius und ihrem Sohn Otto

Sonntag 24. [Dezember 1865]

Für den Weihnachtsbaum klebte ich kleine Dannebrog-Fahnen und Weihnachtssterne.

Brief von O'Neill, daß nicht mehr damit zu rechnen sei, daß in Spanien, Portugal und Frankreich weitere Cholerafälle auftreten würden, und man mich also erwarte. Ich war darüber erfreut und dachte schon ans Abreisen. Ein wenig später berichtete die »Berlingske Tidende«, daß die Cholera Paris doch noch nicht verlassen habe. Dort stürben täglich an die 14 Personen. [...]

Zu Anfang gab es hier die Weihnachtsbescherung für die Bauernkinder. Des Fischers kleine, bucklige Tochter sah so bedauernswert aus, daß ich für sie ordentlich viel vom Baum abpflückte. Etwas später am Abend wurde uns anderen beschert. Ich verehrte Otto meine jüngsten Märchen. Ich selbst bekam von Frau Scavenius zwei Vasen geschenkt, die gewiß sehr wertvoll waren, und von Lucie ein von Papier auf Leinwand übertragenes Gemälde. Doch nichts davon machte mir Freude. Und so lasse ich alles bis zum Sommer hier.

An Henriette Scavenius

Kopenhagen, den 12. Dezember 1866
[Lille Kongensgade Nr. 1,
beim Kongens Nytorv]

Sehr geehrte Frau Scavenius!

Es kommt mir wie eine kleine Ewigkeit vor, seit Eure Gnaden mich mit einem Brief erfreuten. Nun naht Weihnachten bald, und ich hoffe, daß alles auf Basnæs gesund und munter ist und daß ich dann mit Ihnen und Ihren Kindern zusammenkomme. Weihnachten und Basnæs verschmelzen in den letzten Jahren so in mir, als ob sie ein Bild sind. Aus Holsteinborg habe ich ebenfalls eine freundliche Einladung bekommen und gedenke also, nach Weihnachten meine Heimreise über diese Stätte anzutreten. Ich erlaube mir, am Tage vor Heiligabend nach Basnæs zu kommen. Mit der frühen Abfahrt von Kopenhagen ist es etwas lästig, da man um fünf Uhr aufstehen muß. Um das zu umgehen, habe ich beschlossen, mit dem Mittagszug zu reisen und dann in Sorø zu übernachten. Ich reise dann am Sonntagmorgen, den 23., von Sorø ab, um in Slagelse die Diligence aus Skjelskør zu erreichen, und werde dann rechtzeitig zum zweiten Frühstück eintreffen. Wollen Eure Gnaden mir dann für acht Tage dort ein Zuhause gewähren? Ich fahre am Sylvesterabend nach Holsteinborg und von dort aus am 2. oder 3. Januar nach Hause. Das ist mein Weihnachtsplan.

Ich freue mich nun ebenfalls darauf, daß Eure Gnaden in die Stadt kommen werden, was eine völlig egoistische Freude ist; denn ich hoffe, Sie werden sich dann meine neue Wohnung anschauen. Es führt eine bequeme Treppe zu ihr hinauf, und sie liegt in einer guten Gegend. Ich habe es ganz hübsch; viele Bilder, Teppiche, Statuetten und Nippesfiguren lassen mein Wohnzimmer richtig gemütlich erscheinen. Auch Blumen an den Fenstern entbehre ich nicht, und diese haben jeweils zwei große Scheiben; der ganze Kongens Nytorv mit seinem Leben und seinem Straßenverkehr liegt vor mir. Ich bekomme viel Besuch, insbesondere von Damen, und man findet, daß ich es jetzt richtig gemütlich habe.

Der Umziehtag

Du erinnerst dich doch wohl noch an den Turmwächter Ole? Ich habe von zwei Besuchen bei ihm erzählt, nun werde ich von einem dritten erzählen, aber es ist nicht der letzte.

Gewöhnlich gehe ich um die Neujahrszeit zu ihm, dieses Mal war es aber am allgemeinen Umziehtag, denn da ist es unten in den Straßen der Stadt nicht behaglich; sie sind überhäuft mit Kehricht, Scherben und Gerümpel, ganz zu schweigen von dem ausgedienten Bettstroh, durch das man fast waten muß. [...] mir war das zuviel, und ich mußte auch fort, zu Ole hinauf.

»Es ist Umziehtag«, sagte er, »Straßen und Gassen dienen als Kehrichteimer, großartige Kehrichteimer! Mir ist ein Wagen voll genug. Aus dem kann ich mir schon etwas herausholen, und das habe ich auch kurz nach Weihnachten getan; ich ging durch die Straße, es war rauh, naß, schmutzig, so recht, um sich zu erkälten; der Müllkutscher hielt da mit seinem vollen Wagen, eine Art Muster von Kopenhagens Straßen zur Ziehtagszeit. Hinten im Wagen stand ein Tannenbaum, noch ganz grün und mit Flittergold an den Zweigen; er war beim Weihnachtsfest gewesen und nun auf die Straße geworfen worden, und der Müllkutscher hatte ihn hinten auf den Kehricht gesteckt; es sah lustig aus oder auch zum Weinen, ja, das kann man auch sagen, es kommt ganz darauf an, was man dabei denkt, und ich dachte dabei, und dieses und jenes, was im Wagen lag, dachte ganz gewiß auch oder hätte denken können, was ja ungefähr ein und dasselbe ist. Da lag nun ein zerrissener Damenhandschuh – was der wohl dachte? Soll ich es Ihnen sagen? Er lag da und zeigte mit dem kleinen Finger gerade auf den Tannenbaum. ›Mich rührt dieser Baum‹, dachte er, ›auch ich bin auf einem Fest mit Kronleuchtern gewesen! Mein eigentliches Leben war eine Ballnacht; ein Händedruck, und ich platzte! Hier verläßt mich meine Erinnerung; ich habe nichts mehr, wofür ich leben könnte!‹ Das dachte der Handschuh oder könnte es gedacht haben. ›Der Tannenbaum ist zu albern‹, sagten die Topfscherben. Zerbrochenes Tongeschirr findet stets alles albern. ›Ist man einmal auf dem Kehrichtwagen‹, sagten sie, ›dann soll man sich nichts mehr einbilden und Flittergold tragen! Ich weiß, daß ich in dieser Welt nützlich gewesen bin, nützlicher als so ein grüner Stecken!‹ Sehen Sie, das war nun eine Meinung, die wohl mehrere teilen mögen, aber der Tannenbaum sah doch gut aus, er war ein wenig Poesie auf dem Kehricht, und davon gibt es am Umziehtag viel ringsum auf den Straßen.«

An Edvard Collin

Nizza, den 28. Dezember 1869

Meine herzlichsten Grüße an Sie und die Ihrigen zum neuen Jahr. Sie haben wahrscheinlich in der vorigen Woche oder vielleicht am Weihnachtsabend mein letztes Schreiben empfangen.

Ich will Ihnen nun ein bißchen über das Christfest hier in der Schweizer Pension erzählen. Abends um 8 Uhr kamen wir, die wir hier wohnen, etwa 100 Personen, in den großen Speisesaal. Dort stand ein großer, feiner Weihnachtsbaum, schön geschmückt mit Lichtern und Fahnen aller Nationen. Die dänische flatterte zwischen den höchsten, war aber von den Kerzen so dicht umgeben, daß ich wie ein Kind dasaß und mich ängstigte, ob sie womöglich in Flammen aufgehen könnte. Ich muß gestehen, daß mich wilde Gedanken beunruhigten. Aber sie hielt sich, sie brannte nicht an.

Der Kapellmeister aus dem Casino in Nizza wohnt

hier. Er bot uns ein Quartett von Beethoven und eine Fantasie über Gounods »Faust«. Danach trat ein Herr vor und sagte: »Wir sind hier aus allen Ländern der Welt versammelt, und unter uns ist ein Mann, der jedem von uns frohe Zeiten vergönnt hat. [...] Laßt uns ihm in unser und in unser Kinder Namen danken!« Und dann trat ein kleines Mädchen mit einem großen Lorbeerkranz auf mich zu, der von einem flatternden Seidenband in den dänischen Farben umwunden war. Die gesamte Versammlung klatschte Beifall.

Fräulein Manderstjerne sandte mir ein erbauliches Buch und einen hübschen Federhalter mit einer Stahlfeder, eine Amerikanerin schöne Blumen etc., und in den Nizza-Nachrichten »Journal des Étrangers«, die heute erschienen, stand ein schöner Brief über mich, der an die Redaktion geschickt worden war. Ich habe ihn ausgeschnitten und lege ihn in den Brief, so daß Sie und Ihre Familie ihn lesen können. Dann kam ein Brief von Frau Melchior aus Algerien. [Auf ihrem Landgut »Rolighed« bei Kopenhagen starb Andersen am 4. August 1875.]

Zum Fest in Kopenhagen

Der dänische Büchermarkt zu Weihnachten [1870] schien sehr reich zu werden, auch ich trug das Meinige dazu bei, denn von meinen neuesten »Märchen und Geschichten« erschien eine illustrierte Ausgabe.

Der Winter rückte mit mächtigen Schritten heran. Ende November fiel der erste Schnee, und am ersten Dezember zeigten meine Fensterscheiben Eisblumen. Doch besser war das Wetter auch nicht im vorigen Jahre im Süden Frankreichs, als ich mich damals in Nizza aufhielt.

Ich blieb also diesmal zum Feste in Kopenhagen im Kreise meiner vielen Freunde.

An Anna Melchior auf »Rolighed«

Kopenhagen, den 24. November 1871

Liebes Fräulein Anna!

[...] Weihnachten kommt näher; ich bleibe wahrscheinlich in der Stadt, besonders weil das neue Ballett von Bournonville am zweiten Weihnachtstage zum erstenmal aufgeführt werden soll. Das Motiv zu dem Ballett hat er meinen Märchen entnommen; ich muß und möchte also bei der ersten Aufführung im Theater sein. Der arme Scharff hatte die Hauptrolle übernommen, den standhaften Zinnsoldaten, aber bei einer Aufführung das Pech, sich die Kniescheibe zu brechen. [...]

Während ich dies schreibe, kommt der Postbote mit einem Brief für mich; ich habe ihn eben gelesen, er war zu meiner Freude und Überraschung von Jenny Lind-Goldsmith, von der ich seit zwanzig Jahren keinen Brief bekommen habe. Sie ist mit Mann und Tochter den Winter über in Florenz. Es war ein herzlicher, wunderschöner Brief [...].

Die letzten Tage sind ungewöhnlich dunkel gewesen; schon um drei Uhr nachmittags konnte ich weder lesen noch schreiben. Alle Leute husten und leiden an Gicht; mir liegt es wie eine Wagenlast auf den Lenden.

Weihnachten 1873 in Kopenhagen

Sowie das Wetter ungünstig war und ich daher nicht in die frische Luft hinauskommen konnte, litt mein Humor aufs äußerste, und dann fühlte ich oft einen Schmerz gerade im Herzen, der mich vollkommen erdrückte. In einem solchen Zustande war es mir nicht möglich, Treppen zu steigen, und blieb ich daher in meiner Wohnung. Ich fühlte es jeden Tag mehr, daß ich meine Gesundheit nicht wiedererlangen würde! Es ängstigte mich immer mehr, Besuche zu machen, ja selbst bei meinen liebsten, treuesten Freunden. Ich fühle es nur zu wohl, daß ich ihnen wie mir selbst beschwerlich falle. Gott gebe, daß diese Zeit der Prüfung und unwirksamen Zeit bald ein Ende nehme! – Manchmal erscheint mir alles in sehr finsterem Lichte!

Vor einigen Tagen schien die Sonne so einladend, daß ich es wagte, in der Hafenstraße zu promenieren, aber ich wurde derartig von dem scharfen Nordostwind erfaßt, daß mir die Tränen an den Backen hinunterliefen, und fast war es mir, als sauge der Wind das Mark aus meinen Gliedern. Ich kehrte sofort heim, aber war gleich sehr erkältet und darf – wer weiß auf wie lange Zeit – meine erwärmten Zimmer nicht verlassen.

Während der Zeit, kurz vor Weihnachten, war ich so heiser, daß ich fast gar nicht sprechen konnte. Es war übrigens ein merkwürdiges Wetter, denn in diesem Winter hatten wir noch keinen Schnee gehabt. Einige Tage fror es 2 Grade, aber gewöhnlich hatten wir 2 bis 4 Grad Wärme.

Frau Melchior hatte am Weihnachtsabend, ohne daß ich eine Ahnung davon hatte, mein vorderes Zimmer geschmückt. Als man die Zwischentür öffnete, stand dort ein großer Christbaum, strahlend von Lichtern, Blumen und Geschenken! –

Das sieht Frau Melchior ganz ähnlich, denn sie denkt fast immer nur daran, auf welche Weise sie anderen eine Freude machen soll. Sie gehört zu den gebenedeiten Menschen, welche von Gott auf die Welt gesandt zu sein scheinen, um dort Freude und Dankbarkeit zu verbreiten.

Das letzte Weihnachtsfest

Weihnachten naht, denn der Büchermarkt bringt die Hülle und Fülle, darunter viele ansprechende Novellen von Damen. [...]

Frau Axeline Lund, eine angehende Bildhauerin, die sich zur Zeit, gleichzeitig mit Frau Johanna Heiberg [populäre dänische Schauspielerin], Björnstjerne Björnson [norwegischer Schriftsteller], den ich seit meiner Anwesenheit in Christiania nicht wiedergesehen habe, und dem Maler Raynkilde, in Rom aufhält, hatte von Frau Melchior sich mehrere meiner neuesten Photographien behufs Ausarbeitung einer Büste von mir erbeten. Ich entsprach zwar ihrem Wunsche; aber welch sonderbare Idee ist es doch von ihr, meine Büste als alten, zahnlosen Mann darzustellen? Als solcher habe ich nicht gewirkt, wenig oder nichts geschrieben, nichts vorgelesen; es war eine kräftigere Zeit, ja, selbst noch vor wenigen Jahren, und so muß eine Büste von mir sein – nicht als Mitglied eines Hospitals!

Am Sonntag, dem 14. Dezember, war ich fast den ganzen Tag ohne Besuch; mein Zimmer hatte ich nicht verlassen, und dennoch hatte ich einen Besuch zuviel, möchte ich fast sagen, denn derselbe hat mich sehr verstimmt. Es kam nämlich ein Freund zu mir – den Namen will ich verschweigen –, der sich sichtbar mit großer Befriedigung darüber ausließ – worüber ich in meinem stillen Sinn mir selbst noch nicht Rechenschaft abgelegt hatte –, welche Ehre man mir bereiten wolle, indem man sich im Publikum bereits mit der Idee trage, eine Statue von mir zu errichten, während ich noch lebe. Im Grunde genommen fühle ich mich sehr glücklich über dies neue Zeichen der Liebe, welche mir meine Freunde erweisen wollen; aber ich fürchte die Auslassungen derjenigen, die nicht meine Freunde sind. Hätte ich doch an diesem Abend jemand, zu dem ich meine Stimmung aussprechen könnte; aber ich habe niemand, und daher gleitet meine Feder über das Papier!

[...] Durch die Freundschaft und Herzensgüte der Frau Melchior wurde ich in altgewohnter Weise am

Christabend durch einen hell brennenden Weihnachtsbaum erfreut.

Als ich in der Weihnachtswoche mir ein besonderes Vergnügen machte, Ingemanns Briefe an mich wieder einmal durchzulesen, wurde ich an die Haushälterin der Frau Ingemann, Sophie Rasmussen, lebhaft erinnert. Sie war derselben bis zum Tode eine treue Dienerin und Freundin, auch Ingemann schätzte sie hoch - sie bereitete den beiden Alten, und auch mir sehr oft, die Weihnachtsfreude. Sie hatte dann den Christbaum mit ihren Topfpflanzen geschmückt. Wenn Frau Ingemann mir bei der Abreise Blumen brachte, dann hatte auch sie ein Bouquet für mich, indem sie ihre Töpfe geplündert hatte. Gern wollte ich ihr auch jetzt, wenn auch spät, eine Weihnachtsfreude bereiten; denn auch sie wird, wie ich, das Fest des Heilandes einsam verlebt haben; da ich aber nicht wußte, womit ich ihr eine Freude machen würde, sandte ich ihr am 30. Dezember eine kleine Summe, um sich ein Geschenk dafür zu kaufen. Möge sie darin einen Beweis sehen, wie freundlich ich ihrer gedenke und wie dankbar ich ihr noch heute bin für ihre Fürsorge für die mir so teure Frau Ingemann!

Neujahr 1875 brachte keine Veränderung, weder in meinem Befinden noch in meiner Lebensweise. Die Idee, welche zunächst von meinen Freunden ausging, mir ein Monument im Rosenborger Schloßgarten zu setzen, gerade dort, wo täglich viele hundert Kinder verkehren, fand beim Publikum im ganzen Lande großen Anklang – keine Mißstimmung ließ sich vernehmen, und dieses rührte mich tief und innig!

Zwölf mit der Post

Es war schneidende Kälte, sternklarer Himmel, kein Lüftchen regte sich.

»Bums!« da wurde ein alter Topf an die Haustür des Nachbarn geworfen. »Piff, paff!« knallte es da, man begrüßte das neue Jahr, es war Neujahrsnacht; nun schlug die Uhr zwölf.

»Taterata!« da kam die Post. Die große Postkutsche hielt vor dem Stadttor, sie brachte zwölf Personen mit; mehr konnte sie nicht bergen, alle Plätze waren besetzt.

»Hurra! Hurra!« rief man da in den Häusern, wo die Leute Sylvester feierten und sich gerade mit dem gefüllten Glas erhoben hatten, um auf ein glückliches neues Jahre zu trinken.

»Prosit Neujahr!« sagten sie, »Glück und Gesundheit, eine liebe kleine Frau! Viel Geld! Schluß mit dem Ärger!«

Ja, das wünschte man sich gegenseitig, und darauf stieß man an, und – die Post hielt vor dem Stadttor mit den fremden Gästen, den zwölf Reisenden.

Was waren das für Leute? Sie hatten Paß und Gepäck bei sich, ja, sie brachten sogar Geschenke mit für dich und mich und alle Menschen in der Stadt. Wer waren diese Fremden? Was wollten sie, und was brachten sie?

»Guten Morgen!« sagten sie zur Schildwache am Tor.

»Guten Morgen!« sagte die Schildwache, denn die Uhr hatte ja zwölf geschlagen.

»Ihr Name? Ihr Stand?« fragte die Schildwache den, der zuerst aus dem Wagen stieg.

»Sehen Sie im Paß nach!« sagte der Mann. »Ich bin ich!« Es war auch ein ganzer Kerl, angetan mit Bärenpelz und Fellstiefeln. »Ich bin der Mann, in den sehr viele ihre Hoffnung setzen. Komm morgen, dann sollst du ein Neujahrsgeschenk haben! Ich werfe mit Schillingen und Talern umher, mache Geschenke; ja, ich gebe auch Bälle, ganze einunddreißig Bälle, mehr Nächte habe ich nicht zu vergeben. Meine Schiffe sind eingefroren, aber in meinem Kontor ist es warm und gemütlich. Ich bin Großkaufmann und heiße Januar. Ich habe nur Rechnungen bei mir.«

Dann kam der nächste; er war ein Spaßmacher, er war Theaterdirektor, Arrangeur aller Maskenbälle und aller Vergnügungen, die man sich nur denken kann. Sein Gepäck bestand aus einer großen Tonne.

»Aus der Tonne wollen wir zur Fastnachtszeit mehr als einen Kater springen lassen«, sagte er. »Ich will andern und mir Vergnügen bereiten, denn ich habe die kürzeste Lebenszeit von der ganzen Familie; ich werde nur achtundzwanzig! Ja, vielleicht gibt man noch einen Tag dazu, aber das ist das gleiche. Hurra!«

»Sie dürfen nicht so laut schreien!« sagte die Schildwache.

»Aber freilich darf ich das!« sagte der Mann, »ich bin Prinz Karneval und reise unter dem Namen Februarius.«

Nun kam der dritte; er sah wie das leibhaftige Fasten aus, aber er trug die Nase hoch, denn er war verwandt mit den »vierzig Rittern« und war Wetterprophet; aber das ist keine fette Pfründe, deshalb pries er die Fastenzeit. Sein Schmuck war ein Strauß Veilchen im Knopfloch, aber sie waren sehr klein.

»März, marsch!« rief der vierte und gab dem dritten einen Stoß. »März, marsch hinein in die Wache, da ist Punsch! Ich kann es riechen!« Aber es war nicht wahr; er wollte ihn nur in den April schicken, damit fing der vierte Bursche an. Er sah sehr flott aus, er tat nicht viel, feierte aber desto mehr. »Rauf und runter geht die Laune!« sagte er, »Regen und Sonnenschein, Ausziehen und Einziehen! Ich bin auch Ziehtagskommissar, und ich bin Leichenbitter, ich kann lachen und weinen. Ich habe Sommerkleider im Koffer, aber es würde sehr töricht sein, sie anzuziehen. Ja, das bin ich! Als Putz trage ich Seidenstrümpfe und Muff.«

Nun kam eine Dame aus dem Wagen.

»Fräulein Mai!« sagte sie. Sie trug Sommerkleider und Galoschen; sie hatte ein buchenblattgrünes Seidenkleid an, Anemonen im Haar, und dazu duftete sie so nach Waldmeister, daß die Schildwache niesen mußte.

»Gesundheit!« sagte sie, das war ihr Gruß. Sie war lieblich! Und eine Sängerin war sie, nicht Theatersängerin, auch nicht Bänkelsängerin, nein, Sängerin des Waldes. Im frischen grünen Wald ging sie umher und sang zu ihrem eigenen Vergnügen; sie hatte in ihrem Nähbeutel Christian Winthers »Holzschnitte«, denn die sind wie der Buchenwald selbst, und »Kleine Gedichte von Richardt«, die sind gerade wie Waldmeister.

»Nun kommt die junge Frau!« riefen sie, und dann kam die Frau, jung und fein, stolz und lieblich. Sie war als »Siebenschläfer« geboren, das konnte man gleich sehen. Am längsten Tag des Jahres gab sie große Gesellschaft, damit die Gäste Zeit haben möchten, die vielen Gerichte zu verzehren. Sie konnte es sich leisten, im eigenen Wagen zu fahren, aber sie kam doch mit der Post, wie die andern, weil sie damit zeigen wollte, daß sie nicht hochmütig war; sie reiste auch nicht allein, ihr jüngerer Bruder Julius begleitete sie.

Er war ein wohlgenährter Bursche, sommerlich gekleidet und mit Panamahut. Er führte nur wenig Gepäck mit sich; das war so beschwerlich bei der Wärme. Er hatte nur Bademütze und Schwimmhose mitgenommen; und das ist nicht viel.

Nun kam die Mutter, Madam August, Obsthändlerin en gros, Besitzerin vieler Fischküsten, Bäuerin in großer Krinoline. Sie war dick und verschwitzt, faßte selbst überall an, trug eigenhändig den Arbeitern Bier auf das Feld. »Im Schweiße seines Angesichts soll man sein Brot essen!« sagte sie, »das steht in der Bibel; hinterher kann man Waldfest und Ernteschmaus halten!« Sie war die Mutter.

Dann kam wieder ein Mann, Maler von Profession, der Farbenmeister September. Das bekam der Wald zu spüren; die Blätter mußten ihre Farbe wechseln, wenn er es wollte; bald sah der Wald rot, gelb und braun aus. Der Meister pfiff wie der schwarze Star, war ein flinker Arbeiter und wand die braungrüne Hopfenranke um seinen Bierkrug, das schmückte, und für Schmuck hatte er Sinn. Da stand er nun mit seinem Farbentopf, der sein ganzes Gepäck war.

Nun folgte der Großbauer, der an den Saatmonat, an das Pflügen und Bestellen des Feldes, ja auch ein wenig an das Jagdvergnügen dachte. Herr Oktober hatte Hund und Büchse bei sich und hatte Nüsse in der Tasche: knick, knack! Furchtbar viel Gepäck führte er mit und einen englischen Pflug. Er sprach von der Landwirtschaft, aber man konnte nicht viel hören, vor lauter Husten und Prusten – es war der November, der da kam.

Er hatte Schnupfen, gewaltigen Schnupfen, so daß er ein Laken an Stelle eines Taschentuches benutzte, und doch solle er die Mädchen in den neuen Dienst begleiten, sagte er, die Erkältung werde schon vorübergehen, wenn er beim Holzhacken sei, und das wolle er, denn er sei Sägemeister seines Zeichens. Die Abende verbrachte er damit, Schlittschuhe zu machen, denn er wußte, daß man in wenigen Wochen Bedarf für dieses vergnügliche Schuhzeug haben würde.

Endlich kam die Letzte, das alte Mütterchen mit dem Feuertopf. Sie fror; aber ihre Augen strahlten wie zwei klare Sterne. Sie trug einen Blumentopf mit einem kleinen Tannenbaum. »Den will ich hegen und pflegen, damit er bis zum Weihnachtsabend groß wird, vom Fußboden bis an die Decke reicht und brennende Lichter, goldene Äpfel und ausgeschnittenen Figuren trägt. Der Feuertopf wärmt wie ein Ofen; ich hole das Märchenbuch aus der Tasche und lese vor, so daß alle Kinder im Zimmer still, aber die Figuren an dem Baum lebendig werden und der kleine Engel aus Wachs an der

Spitze des Baumes die Flittergoldflügel ausbreitet, von der grünen Spitze herabfliegt und klein und groß im Zimmer küßt, ja, auch die armen Kinder, die draußen stehen und das Weihnachtslied vom Stern über Bethlehem singen.«

»So, jetzt kann die Kutsche wieder abfahren«, sagte die Schildwache, »nun haben wir das Dutzend voll. Laßt einen neuen Reisewagen vorfahren!«

»Laßt doch erst die zwölf zu mir hereinkommen«, sagte der wachhabende Hauptmann, »einen nach dem andern! Die Pässe behalte ich; sie gelten für jeden einen Monat; wenn der um ist, werde ich hineinschreiben, wie jeder sich aufgeführt hat. Bitte, Herr Januar, treten Sie gefälligst näher!«

Und dann ging der Januar hinein.

Wenn ein Jahr verstrichen ist, werde ich dir sagen, was die zwölf dir, mir und uns allen gebracht haben. Noch weiß ich es nicht, und sie wissen es wohl selbst auch nicht – denn es ist eine wunderliche Zeit, in der wir leben.

Quellenverzeichnis

Briefe – Breve fra Hans Christian Andersen. Kopenhagen 2000; nach der von E. St. Bille und Nikolaj Bogh herausgegebenen Ausgabe, 2 Bände, Kopenhagen 1878 (dän.)

Briefe an den Großherzog – H. C. Andersens Briefwechsel mit Sr. Königlichen Hoheit dem Großherzog Carl Alexander von Sachsen-Weimar- Eisenach und anderen Zeitgenossen. Hrsg. von Emil Jonas. Leipzig 1889

Briefe an Henriette Hanck – H. C. Andersens Brevveksling med Henriette Hanck, 1830–1846, ved Svend Larsen, I, Kopenhagen 1946 (dän.)

Der Dichter und seine Welt – Der Dichter und seine Welt. Briefe von Hans Christian Andersen. Übertragen und hrsg. von Else von Hollander. Weimar 1917. © Gustav Kiepenheuer Verlag

Eines Dichters Bazar – H. C. Andersen, Eines Dichters Bazar, 1.–4. Teil. In: H. C. Andersen's Gesammelte Werke, vom Verfasser selbst besorgte Ausgabe, 18.–21. Band, Leipzig 1847

Gedichte – H. C. Andersen, Samlede Skifter, 12. Band. Kopenhagen 1879 (dän.)

Großes Weihnachtsbuch – H. C. Andersens store Julebog. Redigiert von Louise Haslund-Christensen. Kopenhagen 2001 (dän.)

Lebensbuch – H. C. Andersens Levnebog. Hrsg. von Svend Larsen. 3. Ausgabe, 2. Aufl., Viborg 1996 (dän.)

Märchen meines Lebens 1880 – Das Märchen meines Lebens von H. C. Andersen. Selbstbiographie des Verfassers, übersetzt und bis zum Tode ergänzt von Emil J. Jonas. 2 Bände, Leipzig [1880]

Meines Lebens Märchen 1989 – Hans Christian Andersen, Meines Lebens Märchen. Hrsg. und nach einer älteren Übersetzung neu durchgesehen von Tove Fleischer. Leipzig und Weimar 1989. © Gustav Kiepenheuer Verlag GmbH

Sämmtliche Märchen 1860 – H. C. Andersen's, Sämmtliche Märchen. 6. Aufl., Leipzig 1860

Sämtliche Märchen und Geschichten 1986 – Hans Christian Andersen, Sämtliche Märchen und Geschichten. Neu durchgesehen und ergänzt von Gisela Perlet, übersetzt von Eva-Maria Blüm. 2 Bände, 3. Aufl., Leipzig und Weimar 1986. © Gustav Kiepenheuer Verlag GmbH

Tagebücher I – H. C. Andersens Dagboeger 1825–1834. Hrsg. von Helga Vang Lauridsen, Kopenhagen 1971 (dän.)

Tagebücher III – H. C. Andersens Dagboeger 1845–1850. Hrsg. von Helga Vang Lauridsen und Tue Gad. Kopenhagen 1974 (dän.)

Tagebücher VI – H. C. Andersens Dagboeger 1864–1865. Hrsg. von Kirsten Weber. Kopenhagen 1972 (dän.)

Weihnachtsabend – Marie Hjuler, H. C. Andersens Juleaftner, 4. Aufl., Thisted 1983 (dän.)

Motto; Gedichte (AED).

Zu jedem Weihnachtsfest ein Märchenheft*; Märchen meines Lebens 1880, Band 1.

Der Tannenbaum; Sämmtliche Märchen 1860.

Weihnachten auf einem dänischen Gutshof*; »Der Krüppel«, Sämtliche Märchen und Geschichten 1986, Band 2.

Eine Winterwanderung von Kopenhagen nach Slagelse*; Lebensbuch (AED).

An Christian H. Iversen (1748–1827), Buchdrucker und Zeitungsverleger in Odense, 16. 1. 1824; Der Dichter und seine Welt.

Freuden und Ängste eines armen Schuljungen*; Tagebücher I (AED).

Auf »Amalienborg« im Hause Wulff*, Tagebücher I (AED).

Kay und die Schneekönigin*; »Die Schneekönigin«, Sämmtliche Märchen 1860.

Weihnachten und Dreikönigstag in Rom*; Eines Dichters Bazar, 2. Teil.

An Hans Christian Ørsted (1777–1859), 5. 12. 1833; Briefe (AED).

An Henriette Wulff (1804–1856), 16. 12. 1833; Der Dichter und seine Welt.

Weihnachten 1833*; Eines Dichters Bazar, 2. Teil.

Römische Erinnerungen*; Meines Lebens Märchen 1989.

An Henriette Wulff, Altjahrsabend 1833; Briefe (AED).

An Henriette Hanck (1807–1846), Schriftstellerin aus Odense, 1. 1. 1835: Briefe an Henriette Hanck (AED); 19. 1. 1836, 10. 12. 1839: Briefe (AED); 11. 12. 1840: Märchen meines Lebens 1880, Band 1.

Wieder Weihnachten in Rom*; Eines Dichters Bazar, 2. Teil.

Dezembertage in Rom*, Meines Lebens Märchen 1989.

Das kleine Mädchen mit den Schwefelhölzchen; Sämmtliche Märchen 1860.

Weihnachtstage in Berlin, 24. 12. 1845: Märchen meines Lebens 1880; 26. 12. 1845: Tagebücher III (AED); An Edvard Collin (1808–1886); 27. 12. 1845: Großes Weihnachtsbuch (AED); Dezember 1845: Märchen meines Lebens 1880, Band 1.

Ein alter dänischer Weihnachtsbrauch*; »Der Gärtner und die Herrschaft«, Sämtliche Märchen und Geschichten 1986, Band 2.

An den Großherzog Carl Alexander von Sachsen-Weimar-Eisenach (1818–1901), 9. und 16. 12. 1847, 13. 1. 1848, 21. 12. 1850; Briefe an den Großherzog.

Weihnachten und Jahreswechsel auf Basnæs*; Tagebücher III (AED).

Der Schneemann; Sämtliche Märchen und Geschichten 1986, Band 2.

Der letzte Traum der alten Eiche. Ein Weihnachtsmärchen; ebenda, Band 1.

Weihnachten auf »Holsteinborg«*; Tagebuch: Märchen meines Lebens 1880; An Bernhard Severin Ingemann (1789 bis 1862): Weihnachtsabend (AED).

Weihnachtliche Reise von Spanien nach Frankreich (1862)*; Märchen meines Lebens 1880.

Weihnachten auf Basnæs bei Henriette Scavenius (1819 bis 1898) und ihrem Sohn Otto (1849–1930); Tagebücher VI (AED).

An Henriette Scavenius, 12. 12. 1866; Briefe (AED).

Der Umziehtag; Sämtliche Märchen und Geschichten 1986, Band 1.

An Edvard Collin, 28. 12. 1869; Briefe (Thomas Rink).

Zum Fest in Kopenhagen*; Märchen meines Lebens 1880, Band 2.

An Anna Melchior (1853–1881) auf »Rolighed«, 24. 11. 1871; Der Dichter und die Welt.

Weihnachten 1873 in Kopenhagen; Märchen meines Lebens 1880, Band 2.

Das letzte Weihnachtsfest*; ebenda.

Zwölf mit der Post; Sämtliche Märchen und Geschichten 1986, Band 2.

Die mit Stern versehenen Titel stammen von der Herausgeberin. Die Sigle AED verweist auf die Übersetzungen der Herausgeberin Antje Erdmann-Degenhardt. Den Brief an Edvard Collin (S. 120f.) hat Thomas Rink übersetzt.

Orthographie und Interpunktion entsprechen den üblichen Gepflogenheiten vor der Rechtschreibreform von 1999.

Herausgeberin und Verlag danken der Schleswig-Holsteinischen Landesbibliothek Kiel, der Stadtbücherei Neumünster, der dänischen Zentralbücherei Flensburg, Herrn Inspektor Karsten Eskildsen, Andersen Hus, Odense, sowie den Herren Lothar Weichert, Bordesholm, und Thomas Rink, Stadtbücherei Neumünster, für Hilfe und Beratung.

Die Herausgeberin dankt der Lektorin des Aufbau-Verlages, Frau Magdalena Frank, für die Betreuung des Bandes.